耐震改修で地震を克服しよう

急がれる
耐震改修施設は
完成が近づき、
残る総ての施設にも、
耐震改修補助制度を！

稲毛政信 著

耐震改修推進研究所

はじめに

地震対策の一番は、「耐震改修」を完成させる事

「令和6年能登半島地震」の被害より

「令和6年能登半島地震」は、2024年1月1日16時10分にマグニチュード7・6で、能登半島の先端部の珠洲市内の震源で、起こっています。

多くの住宅が倒壊し、甚大な被害が見られましたが、「耐震改修」がほとんどされていなかったのが、**特に、本当に残念でなりません。多くの方は、ご存じないと思いますが、「耐震改修」は、意外と安い費用でできます。**

一戸あたり全国平均で、工事費が約180万円であり、診断と耐震改修設計と工事監理費が約50万円、総額約230万円程度が平均費用になります。これに国等の補助金が、自治体により違うのですが、100万円少々はあり、ほぼ100万円程度の持ち出しでできます。石川県の場合は、

非常に良くなっていて、150万円の補助金なので、平均約80万円の持ち出しで済みます。

ただし、耐震性不足住宅にお住まいの方は、全国において、65歳以上の高齢で、年収300万円未満の方が半数以上を占めています。よって、100万円程度の持ち出しでも、厳しい状況が続いています。これについては、危険性を鑑み、これらの方々に50～100万円の国による補助上乗せをすれば良いのではと思いますが、その他何か、早急な取り組みが必要です。

この本の原稿をまとめている時に、読売新聞の2024年8月24日付けの記事で、朗報が飛び込んできました。国土交通省は、能登半島地震の被害状況より、2025年度から木造住宅耐震改修工事に一戸あたり最大50万円前後の補助金を上乗せして支給する方針を固めたとのこと。

非常に喜ばしい待望の施策で、木造住宅耐震改修工事が大きく進むと期待します。

以上のような住宅の「**耐震改修**」ですが、その効果を、**名古屋工業大学の井戸田秀樹教授が2016年の熊本地震において、**熊本市で「耐震改修」された木造住宅119件について調べられています。それによりますと、震度6強でも避難が必要ない程度で、**震度7でも軽微な修復で継続居住可能な程度にとどまっているとのことです。当然死者はゼロで、「耐震改修」は十分効果を発揮しているとのことです。**

それぞれの場所での地震の揺れ方の強さとして、「震度」があり、震度5までは、日本の建物は、余程腐っている等の欠陥がない限り、倒れません。この「震度」については、気象庁が決めた日本独特の基準で、震度5は、地震で建物が倒れない最大震度と決めたからです。よって、**震度5までであれば、家から慌てて飛び出て怪我をしたとかの被害があるくらいで、ほとんど地震被害がありません。**震度5以下の地震報道があった時に、被害状況を確かめていただければと思います。ほぼ、被害はないです。

逆にいうと、日本の建築物は、震度5までの耐震性はあり、後もう少し、耐震性が足らないのです。よって、その足らない分を補強する「耐震改修」は、それほど高額にならないのです。

ちなみに、**「耐震改修」をして、建物が倒れない状況にすれば、**震度7の場所であっても、震度5の建物の倒れない状況と同じになり、後は家具の固定をすれば、ほぼ地震被害がなくなるという事です。津波被害等もありますので、**地震被害の8、9割はなくなります。**

地震対策の一番は、「耐震改修」を完成させる事といえます。

本書を書いた意図

いきなり細かいことを書きましたが、**私は、「阪神大震災」で自宅が倒壊し、大きな被害を受け、何とか地震被害をなくせないかと、今回、この本を書いています。**

「阪神大震災」では、私の家は倒れましたが、隣の家は地震で何ともなく、現在もそのまま住まわれています。地震から何日か経ち、ある青年に会って聞きましたら、「家が大丈夫だったので、20軒くらいの家に、助けに行きました。」と言っていました。亡くなった私の息子と、あまりにも違うので、驚いた記憶があります。**とにかく、倒れない家と倒れる家があり、倒れない耐震性のある建物にいれば、地震で助かります。**

上記の事も含めて、「阪神大震災」後に、なぜ倒れる家と倒れなかった家があるのかとか、「耐震設計」や「耐震改修」の歴史、「耐震改修」のやり方や状況など、いろいろと徹底して調べました。その調べた内容を本書に書いていますので、**建物の安全性が気になる方や、さらには、「防災」や「耐震改修」に関係している方や関心のある方は、是非お読みいただければと思います。「耐震改修」を取り巻く、現在の状況が良くわかると思います。**

調べてみますと、日本は、国土面積や人口の割合でいえば、世界一地震の多い国です。そのためでもあるのですが、これまでの多くの方々のご努力により、世界一の「耐震設計」、「耐震改修」の理論と技術と実施の国といえます。地震被害でいいますと、中国が一番多いですが、まだ、中国では「耐震改修」はほとんど行われていません。

日本は、世界一の「耐震設計」、「耐震改修」の理論と技術と実施の国といえるのですが、ただ、

まだ、残念ながら、それがすべての建物におよんでいない状況です。

そういった中で、本書では、以下の3点について、特に知っていただき、さらにご支援いただけないかと希望いたします。

1）「耐震設計」の歴史の中で、不幸なことに「耐震基準」の切り下げがあり、「耐震性不足建築」が生まれたこと。**世の中には「耐震性不足建築」が、まだまだ多く存在し、それで建物の耐震性を明確にできない方が、非常に多くおられることを。**

2）阪神大震災後に始まった「耐震改修」の、現在の取り組み状況や、進捗状況について。さらには、日進月歩の技術開発で、安価な工法も数多く開発されています。社寺や町家等の「伝統的建築物」の簡便な耐震設計法も約20年前に開発されています。

3）「耐震改修」が始まってから29年ほどになりますが、当初に計画された住宅や防災関連施設等の「耐震改修」は、完成に近づきつつあります。一方で、そこから漏れた施設は多くありますが、その改修は自主性に委ねられているため、一向に耐震化が進みません。**そこで、第2回目の「耐震改修」推進の時期ではないかと、耐震改修推進案を計画しました。**

「第2回目耐震改修計画」の立案をした

今回の「能登半島地震」でも、国等の「耐震改修」の補助金のある、「学校」や「病院」や「庁舎」や「避難施設」では、「耐震改修」等の「耐震化」が進んでいたので、ほとんど地震被害の報告がなかったように、思います。

ところが、ほぼ補助金のない、輪島塗の工房とか漁村や農村等の生産施設や工場や事務所、さらには、店舗や和倉温泉等の旅館等、また、社寺や民家や町家等の伝統的木造建築等は、「耐震改修」がされていなくて、非常に大きな地震被害を受けています。

この「耐震改修」の制度は、「阪神大震災」の反省から、震災のあった1995年の12月に、「建築物の耐震改修の促進に関する法律」を制定し、始まっています。そのため、「阪神大震災」での被害状況から、一番多く亡くなっている住宅とか、防災対策として最も必要とされる施設に対象を絞り込み、「耐震改修」の補助制度が作られています。そして現在も、そこからほぼ改正がない状態で引き継がれています。

よって、そこから漏れた施設は、「補助制度」がない状況で、上記の事例のごとく、非常に多く残されています。**その「補助制度」のない施設に、国等による「補助制度」を設ける「第2回目の耐震改修計画」の立案を、本書では提案しています。**

危機的状況の日本で、「耐震改修」を完成させ、「事前復興」を成し遂げよう

現在、日本は「南海トラフ地震」や「首都直下地震」が、30年以内にほぼやってくる危機的状況です。それぞれの最新被害予測では、「南海トラフ地震」では、死者約23・1万人、「首都直下地震」の東京都では、死者6148人であり、「南海トラフ地震」の被害予測は、今回の「能登半島地震」の死者数504人（内関連死276人・2024年12月時点）と比較するとおよそ460倍、「首都直下地震」では約12倍にもなります。このまま対策をしなければ、日本全体がおかしくなってしまう危険があります。

この対策として、「南海トラフ地震」では、①建替えや「耐震改修」により、倒壊と火災をなくす、②津波避難の徹底、であり、「首都直下地震」では、①耐震化の推進、②木造住宅密集地域の不燃化、解消がいわれています。**共に、建物の耐震化の徹底として、「耐震改修」が強く求められています。**

また、今回の「能登半島地震」が発生したように、日本列島は、2000本以上の活断層があり、この断層で起こる「内陸直下型地震」は、数千年の周期で起こる地震であり、2000本もありますから、日本列島全体で、2年あるいは3年に一度大地震があるといえます。

さらには、「阪神大震災」以後、「地震活動期」に入っているといわれており、通常の頻度の倍程度の確率で地震があるといわれています。

よって、日本列島は、全国でどこでも震度7の地震が起こり得る可能性がある危機的状況といえます。

そういった危機的状況から判断して、全ての施設に「耐震改修」の「補助制度」を設けて、一気に「耐震改修」を終えてしまう時期になっていると本書では提案しています。

「耐震改修」を、一度、終えてしまえば、今後、二度と行う必要がなく、建物での地震被害はなくなり、大きな「事前復興」になり、地震被害をほぼ克服した日本になります。

「耐震改修」の費用は、最初に木造住宅で見たごとく、かなり安い費用でできます。

現在、震災復興で、巨額の費用をかけていますが、その50分の1、あるいは100分の1あるいはさらに少ない費用で済むといえます。

建物倒壊は国の「耐震基準」の切り下げが原因であり、「耐震改修」は補償工事、「伝統的木造建築」は、日本の誇りであり、日本文化を守り、観光立国のために行う

いろいろ調べてみますと、**日本は、100年前の「関東大震災」の翌年、1924年に「市街地建築物法（建築基準法の前の法律）」に「耐震基準」をすでに制定しています。世界一早い制定です。**

よって、戦前の昭和初期の鉄筋コンクリート造や鉄骨造の建物は、「耐震性」があります。

ところが、良かったその「市街地建築物法」の「耐震基準」は、戦時中に廃止となり、1950（昭和25）年に「建築基準法」が新しく制定され、引き継がれています。それが、焼け野原が広がる混乱期の中で、とにかく早く建てたいと、**その優れた「耐震基準」を、あろうことか、大きく引き下げて、出発しています。**

よって、**戦後の「建築基準法」は、地震があるたびに、「耐震基準」を引き上げ、1981（昭和56）年の「新耐震基準」で、ほぼ現在の基準に引き上げられています。**

以上の経過をたどり、戦後の1981年より前に建設した建物は、「建築基準法」の「耐震基準」が低いことにより、「耐震改修」が必要な建物になっています。これは、**国の基準が悪かったのが原因で、国の責任であり、「耐震改修」の「補助」は、国の補償として行うべきことといえます。**

もう一つ、**「耐震改修」が取り組めていない施設として、古くから建てられている「伝統的木造建築」**の社寺や民家や町家や酒蔵等生産施設等があります。「耐震改修」が始まった時には、まだ、これに対する**簡便な耐震設計法の「限界耐力計算による耐震設計法」がなく、2002（平成14）年にようやくできています。**よって、現在、少しずつ取り組み始めていますが、早急に取り組む必要があります。

「伝統的木造建築」をなぜ残すかですが、戦後の軸組工法（建築基準法の法律に基づき建てだした木造住宅工法）の住宅は、戦後の超住宅難の時代に、いかに安く造るかを目的に構法を考えたもので、最低限の細い部材でできており、それに比べて、**本物だという事です。それは私たち日本人が歩んできた歴史であり、日本の文化を守るために、残す必要があります。それは、現在の大交流時代の観光資源でもあり、今残っているもの、それは「観光立国を目指す日本」の宝物**といえますが、それを最大限残すべきです。

「耐震改修」で百年建築となり、CO_2削減項目としても取り組もう

さらに、**「耐震改修」をしますと、新築と同様の強度となり、後50年以上は持ち、百年建築となります。**建物の耐用年数は、メンテナンス次第で、十分に百年以上持ちます。

これで考えますと、現在の空き家約９００万戸（２０２３年10月時点）は、宝の山で、もっと優雅にゆったりと住むべき時代になっています。

「耐震改修」で百年建築となって、耐用年数が延びることにより、新築が減って建設時のCO_2が削減されます。そのことより、「耐震改修」を、CO_2削減の一項目に入れて取り組めば、世界のCO_2削減の活動と連携することになり、より進みやすくなると思います。また、それが海外にも波及して世界各国における「耐震改修」の促進につながると思います。

以上の事より、CO_2削減の一項目として捉えるにあたり、現在のCO_2削減の現状を改めて見てみました。そうしましたら、現在のCO_2削減項目があまりにもCO_2削減のみに特化して効果が少なく、今こそがCO_2削減の変革の時期ではないかと思い至るようになりました。**特に、健全な土壌にCO_2が大量に蓄積できることが最近わかり、各種の取り組みが始められている事を知り、その思いはますます強くなりました。あくまで個人的な提案ですが、CO_2削減と共に地球環境改善を行う、真の取り組むべき項目に変えていければと、提案しています。**

これについては、本題とかなり離れていますので、ひとつの考え方として見て、ご検討いただければと思います。

『耐震改修で地震を克服しよう』本の意図まとめ

1．タイトル・サブタイトル

○タイトル
『耐震改修で地震を克服しよう』
○サブタイトル
急がれる耐震改修施設は完成が近づき、残る総ての施設にも、耐震改修補助制度を！

2．本の内容

「耐震改修」が、阪神大震災後に始まり、急がれる最も死者の多かった住宅や、防災関係諸施設の学校や各種庁舎や病院等は、国の補助制度があり、約29年で、後少しで完成のところまでの大きな成果を上げています。

ところが、それ以外の補助のない施設は、多数あり、自主性に任されていますが、一向に進んでいません。よって、巨大地震の切迫する中で、総ての残った施設に対して、補助制度を設けて、20年以内くらいで、耐震化を完成してしまおうと、「第2回目耐震改修計画」を提案しています。

3．呼びかけ……特に訴えたい事

○1981年以前で戦後建設の建築物は、「建築基準法」の耐震基準が低かった事により、「耐震改修」が必要になっています。これは、アスベスト対策等と同様に、国に補助をする等の耐震化促進の義務があります。

○「伝統的建築物」は、日本の誇りです。再び同じ建物を造るのが極めて難しい事により、日本文化を守るため、また、観光施設を守るためにも「耐震改修」を行う必要があります。

○「不特定多数利用施設」は、面積5000平方メートル以上の大規模施設のみ、「耐震改修の補助制度」があり、92%耐震化を完成しています。しかし、中小施設には補助制度が無いので、能登半島地震では和倉温泉等のほとんどの旅館やホテルが、大被害になっています。

なぜ、中小施設に「耐震改修の補助制度」がないのでしょうか。行政の怠慢ではないでしょうか。ちなみに、「不特定多数利用施設」には、飲食店、物販店、銀行、宿泊施設、劇場、集会場、運動施設、停車場、福祉センター、（危険物貯蔵場）等があり、これらの中小施設が、耐震化から取り残されていて、非常に危険な施設になっています。

○工場や事務所や店舗等の「働く施設」に対する「耐震改修の補助制度」がありません。地震で死者が出ないようにという事と、仕事が継続できることが非常に重要で、中小企業では、継続できなければ倒産になります。「働く施設」に対しても、「耐震改修の補助制度」が必要です。

○「観光施設」には、見学先になる「伝統的建築物」や、不特定多数利用施設の「飲食店」や「物販店」や「宿泊施設」があり、ほぼ「耐震改修の補助制度」が無い施設ばかりで、非常に危険です。

「観光施設」として、お客様の安全のためにも、「耐震改修の補助制度」を設けて、耐震化に取り組む必要があります。

○やる気になれば、できる技術力と体制はすでにあり、早急に、より豊かに安全になる「耐震改修」をやり終えよう！

目次

2 耐震設計や耐震改修技術は世界一、その一般建築への適用は後一段の取り組みで完成へ　057

❹伝統的木造建築の耐震改修 117

プロローグ

日本では地震以外の「雷・火事・台風」の大量死は、ほぼ克服している

■地震・雷・火事・親父

日本の古いことわざに「地震・雷・火事・親父」という言葉がありますが、これは「この世の恐ろしいものを順に並べたもの」といわれており、地震が一番恐ろしいものになっています。その次が、雷であり火事と続き、親父と現代ではなっています。

ところが、この「親父」は古くは、「大山嵐《おおやまじ》」といい、意味は「台風」のことでした。よってこのことわざは「地震・雷・火事・台風」となり、すべて「自然災害の恐ろしいもの順」のことでした。

この内、「地震」についての大災害（大量死）の克服は、未だですが、**「雷、火事、台風」については、明治あるいは昭和以降の多くの先人の取り組みのご努力で、ほぼ大災害の大量死を克服しています。**

まず、「**雷**」ですが、ベンジャミン・フランクリンが、1752年に「避雷針」を発明し、日本では、1875（明治8）年に石川県金沢市にある尾山神社の楼門建設の際に設置されたのが最初です。その後、**1950年制定の「建築基準法」で20メートル以上の高い建物には、「避雷針（避雷設備）」の設置が義務付けられています。**建物以外のゴルフ場やグラウンド等で、一部未整備なところもありますが、ほぼ克服しているといえます。

■火事災害の克服

日本では、江戸の大火は3年に一度は大きなものがあり、1657（明暦3）年、1772（明和9）年、1806（文化3）年の「江戸の三大大火」では、江戸の大半を焼き尽くし、その都度、都市改造をしつつ、また木造で再建しています。明治に入っても江戸（東京）の大火は続き、明治5年、9年、14年とあり、明治新政府は、欧米のような不燃化の都市を目指す政策を打ち出しています。

1872（明治5）年の大火後には、銀座煉瓦街ができ、1881（明治14）年には、「東京防火令」が交布され、主要道の両側を不燃化することを義務づけて、実行されました。一方で消防組織の拡充も進められ、次第に大火も少なくなっていきました。

日本全体では、大火は昭和の後半まで続いています。「**昭和以降の都市大火**」**（表1）は、約**

表1.　昭和以降の都市大火

年月日	被害地域	おもな被害
1934. 3.21	函館市	死者2,015,　焼失11,102
1940. 1.15	静岡市	焼失5,121
1947. 4.20	長野県飯田市	焼失3,984
1949. 2.20	秋田県能代市	死者3,　負傷265,　住家1,414
1952. 4.17	鳥取市	死者2,　負傷362,　住家5,228
1955.10. 1	新潟市	死者1,　負傷275,　焼失892, 台風時
1956. 8.18	秋田県大館市	負傷16,　焼失170,　台風時
1956. 9.10	静岡県魚津市	死者5,　負傷170,　焼失1,677, 台風時
1961. 5.29	三陸大火（岩手県新里村）	死者5,　負傷97,　焼失1,062, 台風時
1976.10.29	山形県酒田市	死者1,　負傷1,003,　焼失1,767

※「理科年表（平成18年版、令和5年版）」の「日本のおもな気象災害」より、抽出および追記している。
地震および戦災の大火は含まれていない。

1000棟以上消失の大火を記載していますが、1976（昭和51）年の「酒田市大火」（1767棟焼失）を最後に、それ以後は、地震大火を除いて発生していません。ようやく強風による大火については、ほぼ克服しています。

ただし、火災死については、今もなお火事が起こるたびに死者が出ています。また、2016年12月22日には、「糸魚川市大規模火災」（147棟焼失、17人負傷）が発生し、さらに取り組んでいく残された課題になっています。

■台風災害の克服

「昭和以降の500名以上の死者等のあった台風」（表2）によると、室戸台風（1934年、死者不明者3036人）、枕崎台風（1945年、死者不明者3756人）、伊勢湾台風（1959年、死者不明者

表2.　昭和以降の500名以上死者等のあった台風[※1]

年月日	名称	被害地域	死者（人）	不明（人）	負傷（人）
1934. 9.20-21	室戸台風	九州～東北（特に大阪）	2,702	334	14,994
1942. 8.27-28	台風	九州～近畿（特に山口）	891	267	1,438
1943. 9.18-20	台風	九州～中国（特に島根）	768	202	491
1945. 9.17-18	枕崎台風	西日本（特に広島）	2,473	1,283	2,452
1947. 9.14-15	カスリーン台風	東海以北	1,077	853	1,547
1948. 9.15-17	アイオン台風	四国～東北（特に岩手）	512	326	1,956
1950. 9.2-4	ジェーン台風	四国以北（特に大阪）	336	172	10,930
1951.10.13-15	ルース台風	全国（特に山口）	572	371	2,644
1954. 9.25-27	洞爺丸台風	全国（特に山口）	1,361	400	1,601
1958. 9.26-28	狩野川台風	近畿以北（特に静岡）	888	381	1,138
1959. 9.26-27	伊勢湾台風	全国（九州を除く）	4,697	401	38,921
1979.10.14-20	台風第20号[※2]	全国	111		478
2019.10.11-13	台風第19号[※2]	東日本	107		384

※1.「理科年表（平成18年版、令和5年版）」の「日本のおもな気象災害」より、死者および不明者が500名以上の台風を抽出した。

※2. 台風20号は日本で最後の100名以上の死者等のあった台風であったが、台風19号は40年ぶりに100名以上の死者等のあった台風があった。

５０９８人）の「昭和の三大台風」は、特にひどいものでした。伊勢湾台風まで、２年に一度くらいの頻度で、死者５００名以上の台風被害を出しています。

ところが、**伊勢湾台風以後、まったく大量死がなくなっています。**これは、伊勢湾台風の大被害を反省し、２年後の１９６１年に「災害対策基本法」を制定し、警報伝達の整備と、そして治山治水事業の実施、さらには、その3年後に「富士山レーダー」を完成させて、正確な予報と、早期の警報と避難、および、治山治水等により、以後、台風による大量死をなくしています。

（表2）では、下段において、最後に１００名以上の死者があった１９７９年の台風と、以後40年ぶりに１００名を超えた２０１９年の台風を追記しています。最後の台風は、温暖化による極端な集中豪雨によるものです。

以上のごとく**日本では、温暖化による極端な集中豪雨の発生による水害等、新しい災害が生まれてきています。**これについては、あまりにも短時間で降水量が多過ぎることによるもので、大問題になっています。ただし、災害死はそれほど大量ではなく、地震以外の自然災害では、もうすでに大量死をほぼ克服しています。

地震災害のみが、未だに大量死被害を克服できていません。ただ、もうあと少しの努力で、大量死被害を克服できるところまで来ています。皆様のご支援やご援助をいただきたく思います。

chapter 1

阪神大震災後に「耐震改修」は始まった

私は阪神大震災で被災した

これは、阪神大震災直後の神戸市街地です（**写真1**）。手前に、極端にぺちゃんこに潰れたり、2階部分のみが残ったりしているのは、木造住宅の一番被害が大きい所です。私の家も倒れましたので、これと、同じような状況でした。

この極端に潰れている家の通りの向かい側に、長屋を部分的に建て替えた、ほぼ無傷の木造3階建て住宅4軒があります。この木造3階建て住宅は、震災の8年前に法律で建てられるようになったものです。新しい建物で、耐震性があることにより、震度7でも、どこも悪くなっていません。

さらに、高い建物の鉄筋コンクリート造等の建物は、ほぼ倒れたものはなく、一部、1階のピロティ部分が破壊されています。左の縦に通る通り沿いの4、5階建ての建物は、かなり1階部分が

写真1. 阪神大震災直後の神戸市街地（神戸市提供）

破壊されているように見えます。正面の横長で10階少しのマンションは、1階部分で一部下がっているように見えますが、それ以外は、健全のように見えます。

以上のごとく、**木造住宅が極端に倒壊しており、それ以外の建物は、ほぼ部分破壊になっています。**

ただし、木造住宅の全てが同じように極端に倒壊しているのではなく、写真のごとく大きく破壊されていますが倒れない住宅や、先ほどのようにほとんど被害のない住宅もありました。

次ページの図面（**図1**）は、西宮市にあった倒壊した自宅の図面ですが、戦後の早い時期に建てられた木造一部2階建ての住宅です。地震では、2階の部分が引きちぎられるように南の庭に倒れこみ、平屋部分は、傾きながらも、残っていました。この2階に寝ていた長男が、屋根の下敷きになり、亡くなりました。次男も2階に寝ていましたが、助かっています。私と妻は、離れに寝ていたので助かり、祖母は、2階下に寝ていましたが、すでに起きて、洗面所にいたので助かっています。

ご近所の方が、10名近く来てくださり、梁を切って出し、長男を近所の病院に運びましたが、すでに亡くなっていました。

後から気が付いたことですが、家は、庭に向けて開放的で良かったのですが、南面にほとんど壁はなく、耐震的には弱い構造でした。ご近所では、古い家で老夫婦が亡くなったりしていましたが、お隣のように、ほぼ何の被害もない家や、近所の親戚の家で

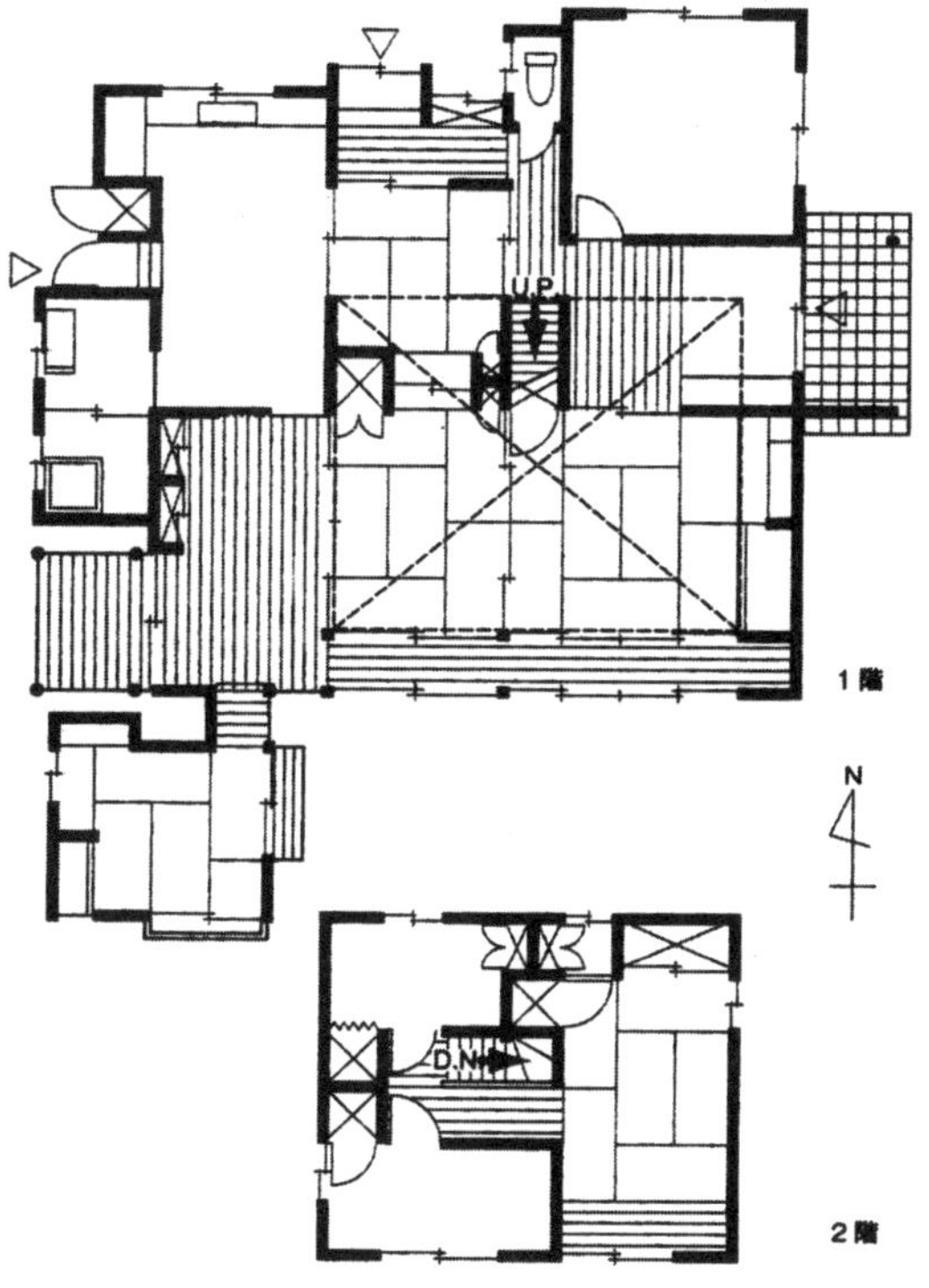

図1.　倒壊した自宅

私は阪神大震災で被災した。

無知ほど恐ろしいものは無い。

① 大地震は阪神間に無いと思っていた。
⇒日本ではどこでも大地震がある。

② 日本の木造建築は充分耐震性があると思っていた。
⇒ 古い木造建築（住宅）は震度7で半数が倒れて、死者がでる。

は、古い家で、倒れこそしなかったものの、家中ガタガタになり、建て替えられたところも多かったです。

このように、**建物の耐震性があるかないかで、極端な被害の差が出ていました。**

■無知ほど恐ろしいものはない

私は阪神大震災で被災しました。本当に**無知ほど、恐ろしいものはない**と、実感しています。私は、神戸市役所に勤める一級建築士でしたが、一つ目は、「大地震は阪神間にない」と思っていました。東京や神奈川県等では、大地震の話もありましたが、まさか阪神間で起こるとは、夢にも思っていませんでした。

ところが、後から調べると、「**日本はどこでも大地震がある**」ということがわかりました。

二つ目の無知は、「日本の木造建築は十分耐震性があると思っていた」のが、間違いでした。**「古い木造建築（住宅）は、震度7で半分が倒れて、死者が出る」**ことが、現実に自宅が倒れて被災したことや、ご近所の古い家も多くが倒れて死者を出したことで、実感としてわかりました。

建築士であったにもかかわらず、以上のことがわからなかった事を、妻から厳しく指摘されましたが、「わからなかった」としかいえなかった事を思い出します。

阪神大震災以後、いろいろと詳しく調べて、ようやくわかったことです。特に、耐震設計の歴史については、構造の専門家が書かれたものに載っているのみで、私が学んだ大学の建築教育内容に、全くなかったことです。現在では、学ぶようになっているかと思いますが、震災後、調べてはじめてわかりました。

その中で、**木造住宅の半分が、震度7で倒れるのは、戦後の1950年にできた建築基準法の耐震基準が、極端に低かったことによるもの**で、その詳しい内容は、順次説明しますが、「耐震改修」の補助制度は、この法的不備に対する補償といえると思います。

■日本ではどこでも大地震がある

プレートというのは、地球の表面を覆う何枚かの固い岩盤のことで、35ページ「世界のプレート

日本ではどこでも大地震がある。

- 日本周辺でプレートが4つも交わり、**世界の陸地の0．3%で、1割の地震**がある。
- 日本全国に2000本以上の活断層があり、周期**千年から数千年**で、「**内陸直下型地震**（断層型地震といえる）」が発生する。
- 「**プレート境界地震**（海溝型地震ともいう）」の巨大地震である東海、東南海、南海、三陸沖地震等では、**数十年から数百年**の周期で、発生確率が高い。**津波被害**がある。

境界と深い地震の分布図」（図２）のごとく、日本は、太平洋プレートとフィリピン海プレートとユーラシアプレートと北米プレート（オホーツクプレートともいう）の四つが交わっています。地震は、プレートの境界で起こることにより、**日本は、世界の陸地の0・3％しか国土がないのに、世界の1割の地震がある地震大国になっています。**

　地震には、「内陸直下型地震」と「プレート境界地震」の2種があります。

　その内、「**内陸直下型地震**」は、「断層型地震」ともいえる地震で、プレートの境界近接部の割れ目である「断層」が動くことによって生じるものです。

　日本にはこの活断層が2000本以上あり、大地震発生の周期は千年から数千年といわれ

図2. 世界のプレート境界と深い地震の分布図
(M≧4.0，深さ100km以上，1991〜2010年)

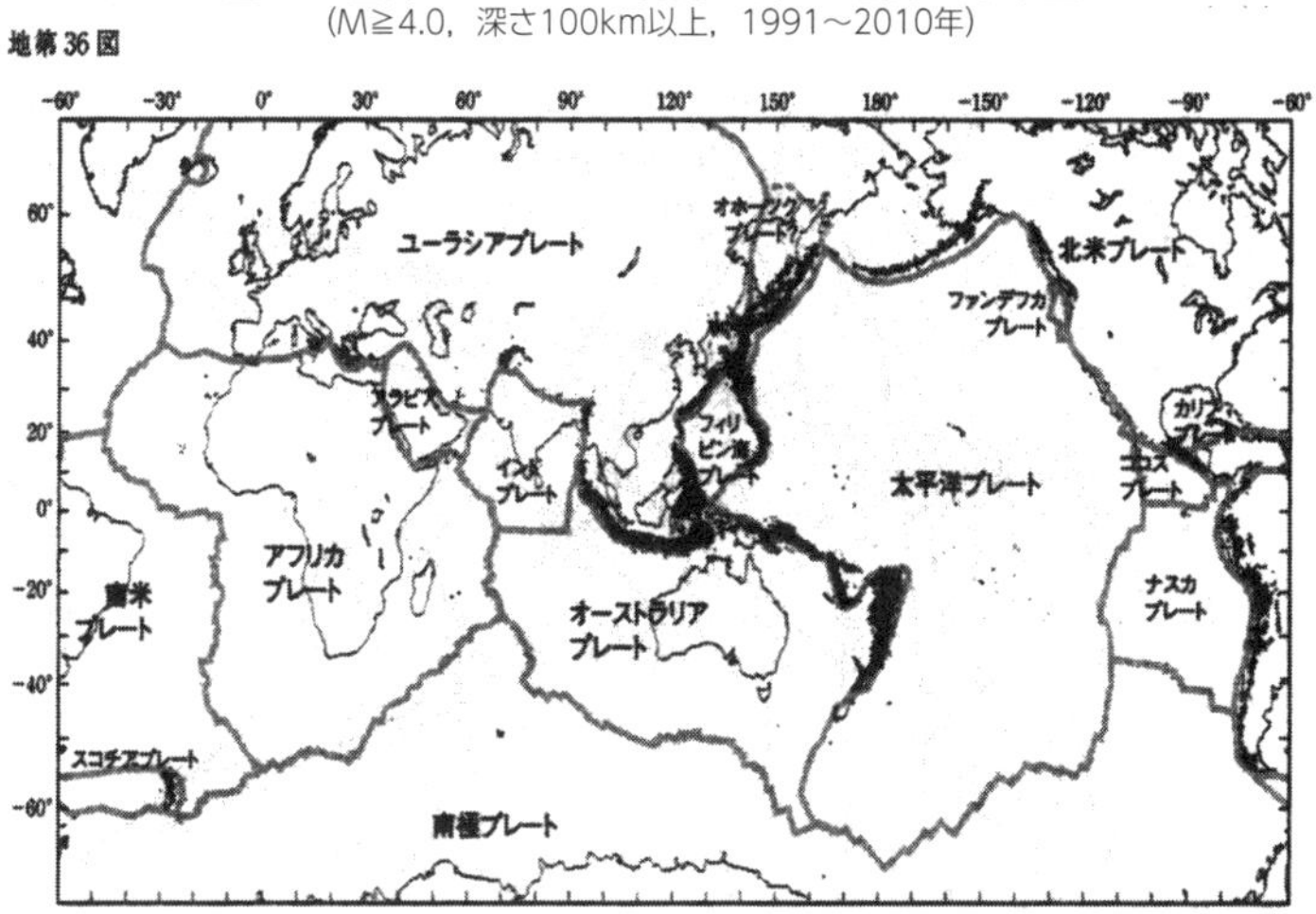

(国際地震センター ISCの資料による)

※深い地震は環太平洋やインドネシア沖など限られた地域でしかおきていない。起きている場所がプレート境界(灰色線)からやや離れているのはプレートが斜めに沈み込んでいるため。

出所 『理科年表(令和5年版)』による。

ていて、これで検討すると**「内陸直下型地震」の大地震は、日本では2年に一度くらいに起こる確率となります。**

一方、**「プレート境界地震」**は、プレートの境界で、片方が潜り込むことで起こる地震です。海溝の深い所で発生することにより、「海溝型地震」ともいわれ、津波被害のある巨大地震です。

東海地震、東南海地震、南海トラフ地震、三陸沖地震等といわれていて、**発生周期は、非常に短く、数十年から数百年の周期です。周期が短いことにより、「プレート境界地震」は、頻繁に、起こっています。**

以上のごとく、日本ではどこでも大地震がある国といえます。

『理科年表』（国立天文台が編纂した、サイエンスの全分野を網羅したデータブック）の令和5年版には、この**「世界のプレート境界と深い地震の分布図」（図2）**が掲載されています。ほぼ同様な、「浅い地震の分布図」もあり、この本には掲載していませんが、同じような傾向にあります。

この図によると、世界では、日本のように、プレート境界付近にあり、地震の多い国と、プレートの中央付近で、ほとんど地震のない国があります。例えば、プレート境界付近にある、ヨーロッパでは、イタリア、スペイン、ポルトガル、アメリカでは、カリフォルニア等で地震が多発します。逆に、プレートの中心部にある、フランスやドイツ等は、地震がほとんどありません。極端に違っています。

日本は世界の中での地震大国です

次ページの表は、「世界における地震での国別死者数順位」を表しています。

『理科年表（令和5年版）』での、「世界のおもな大地震・被害地震年代表」の1700年以降より2021年12月までの、321年間に起きた532件の地震被害による集計です。1地震の死者数全てを震源国で計算する等、死者数は正確でなく、大きな傾向を表しているといえます。また、1700年以降という事ですが、古い地震は、文献に頼るわけで、どこまで正確か不明で、そういう意味でも、不正確は、やむを得ないと思います。

日本は世界の中での**地震大国**である。

・中国が最も死者数が多い。

・**日本は**、5番目で件数が45件と最も多く、7．1年に1度**大地震があったこと**となる。

・40位のエジプトでは、わずかの死者であり、地震死は限られた国で大被害となっている。

世界における地震での国別死者数順位

順位	国	地震件数	死者数
1	中国	43	907,300
2	Iran	37	373,100
3	Indonesia	43	367,800
4	Haiti	2	318,600
5	日本	45	287,500
6	Italy	15	190,000
7	Turkey	30	161,600
8	Pakistan	3	151,300
9	Ekuador	9	128,700
10	Algeria	10	117,200
40	Egypt	1	3,000

※「理科年表（令和5年版）」の「世界のおもな大地震・被害地震年代表」の1700年以降より2021年12月までの532件の地震被害による。
1地震の死者数すべてを震源国で計算する等、死者数は正確ではなく、大きな傾向を表している。

これによりますと、中国が最も死者数が多いです。国土も広く人口も多いので、当然のように思います。

日本は5番目で件数が45件と最も多く、7.1年に一度、大地震があったことになります。かなりの頻度で、大地震があり、地震大国です。

地震の多い国を見てみますと、中国の次がイランで、3番目がインドネシア、4番目がハイチで、日本が5番目、6番目がイタリアで、以下、トルコ、パキスタン、エクアドル、アルジェリアと続きます。地震報道でよく聞く国が、並んでいます。

40位のエジプトでは、321年間で、3000人の死者で、極端に少なくなっており、35ページの**（図2）**で見たごとく、国の地球上の位置により、違っています。全世界に国は196カ国（2023年3月時点）も

表3. 明治以降の**死者1,000名以上**の地震被害

年	M	地震名	死者数（人）	全壊（棟）	半壊（棟）	焼失・流失（棟）	死亡主原因
1891	8	濃尾地震	7,273	14万余	8万余	—	倒壊
1896	8.2	三陸沖地震	21,959	—	—	流8～9千	津波
（この間27年間は大地震なし）							
1923	7.9	関東大震災	10.5万余	10.9万余	10.2万余	焼21.2万余	焼死
1927	7.3	丹後地震	2,912	12,502	—	—	倒壊
1933	8.1	三陸沖地震	3,064	1,817	—	流4,034	津波
1943	7.2	鳥取地震	1,083	7,485	6,158	—	倒壊
1944	7.9	東南海地震	1,183	18,143	36,638	流2,400	津波・倒壊
1945	6.8	三河地震	2,306	7,221	16,555	—	倒壊
1946	8	南海地震	1,330	11,591	23,487	流1,451 焼2,598	津波 倒壊
1948	7.1	福井地震	3,769	36,184	11,816	焼3,851	倒壊
（この間47年間は大地震なし）							
1995	7.3	阪神大震災	6,434	104,906	144,274	焼7,132	倒壊
2011	9	東日本大震災	22,312	122,006	283,160	（流12.5万余）	津波

※被害状況は、「理科年表（令和5年版）」「日本付近のおもな被害地震年代表」による。

あり、40位でこれくらい少ないので、「**地震**」**は、ある限られた国だけが大被害を被っているということになります。**

■明治以降の死者1000名以上の地震は12地震もある

「**明治以降の死者1000名以上の地震被害**」**（表3）**は、『理科年表（令和5年版）』の「日本付近のおもな被害地震年代表」より、まとめたものです。

これを見てみますと、1868（明治元）年から2023年までの**155年で、12地震**もあります。

日本では、かなりの頻度で、地震が発生していることがわかります。

右端の「**死亡主原因**」を見てみますと、「**倒壊**」のみが六つで、「**内陸直下型地震**」であり、「**津波**」**があるものは、五つあり、「プレート境界地震」**です。

「**焼死**」**が一つありますが、これは「関東大震災」の地震であり**、「内陸直下型地震」と「プレート境界地震」の両方の性質がある地震といわれています。また、この地震は広範囲に及び、本震がマグニチュード7・9で、余震が、マグニチュード7・1以上で、5回もあり、死者10・5万人以上の大被害を出しています。地震発生が、1923（大正12）年9月1日11時58分で、ほぼ100年前になります。

また、この**（表3）**では、上から3行目の「27年間は大地震なし」とか、下から3行目の「47年間は大地震なし」とかあり、大地震は活動期と静穏期を繰り返しています。特に、**戦後の47年間は静穏期で、阪神大震災以後、地震活動期に入ったといわれており、現在は大地震が多発する危険な時期となっています。**

この静穏期27年と47年を155年から引いて、12回で割ると、6・75年となり、活動期には、約7年程度の間隔で、死者1000名以上の地震があったことになり、かなりの頻度です。

さらに、この表では、「東日本大震災」は、「三陸沖地震」の事ですが、他に「三陸沖地震」は、2回もあり、1896（明治29）年が1回目で、2万人余りの方が亡くなっています。さらに、2

阪神大震災とは

- 阪神大震災(阪神・淡路大震災ともいう)の正式名称は、「平成7年兵庫県南部地震」。**日本で初めての近代的大都市直下を震源とする大地震**であった。
- **1995年(平成7年)1月17日午前5時46分**、淡路島北端部付近を震源とし、野島断層と六甲断層帯の淡路島から神戸、芦屋、西宮、宝塚までの50kmにおよぶ断層のずれによる**「内陸直下型地震」**でした。マグニチュードは7.3、震源深さ約20km、**震度7の地域が断層にそって生じた。**
- **死者6434人**、住家全壊10万4906棟、半壊14万4274棟、住家全半焼7132棟**の大被害**。
- **古い構造物は、耐震性不備であった。**
  ➡ **構造物の「耐震改修」が始まった。**

回目は、1933(昭和8)年にあり、「東日本大震災」(三陸沖地震)は、繰り返されています。

このように、津波のある「プレート境界地震」は、短い期間で繰り返されており、その経験があまり生かされていないように思います。

「東日本大震災」の被災地に行ってみますと、過去の地震での津波到達点に桜が植えられたり、石碑が建てられていますが、その下の方にどんどん家を建て、津波の危険性をあまり考えずに、生活してしまっていたように思います。

■阪神大震災では、木造住宅倒壊死が90%以上になる

「阪神大震災」は、1995(平成7)年1

阪神大震災における主な死因

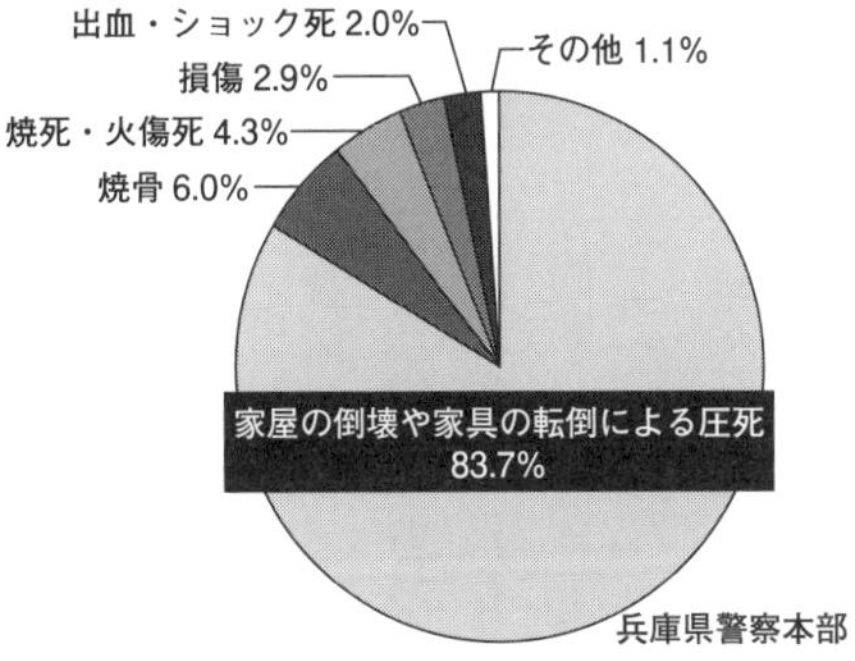

死者6434人の内、直接死5520人の死因

・家屋倒壊や家具転倒による**圧死者が83.7%**。(そのほとんどが木造住宅の倒壊死)

・**地震火災**による死者が、**約1割**。(大部分が木造住宅倒壊で**逃げ出せなかった人**。)

・**全体で木造住宅倒壊死が90%以上になる。**

・**関連死**914人の死因は、肺炎(223人、24%)、その他、全て病気関連。

月17日午前5時46分の早朝に起こっています。淡路島北端部付近を震源とし、野島断層と六甲断層帯の淡路島から神戸、芦屋、西宮、宝塚までの50キロメートルにおよぶ断層のずれによる「内陸直下型地震」でした。マグニチュード7・3、震源深さ約20キロメートル、震度7の地域が断層に沿って生じました。

「阪神大震災」は、「阪神・淡路大震災」ともいい、この正式名称は、「平成7年兵庫県南部地震」です。**「日本で初めての近代的大都市直下を震源とする大地震」でした。**

被害は、死者6434人、住家全壊10万4906棟、半壊14万4274棟、住家全半焼7132棟の大被害でした。

この「阪神大震災」では、戦後築かれてきた「建築物」や「土木構造物等」が、震度7で、意外と倒壊する状況となり、大反省のもと、それぞれの「耐震改修」が始まっています。

「阪神大震災」の死者6434人の主な死因について、見てみることとします。

全体の死者の内、直接死の5520人の死因について、兵庫県警察本部がまとめられた円グラフを見てみますと、**「家屋倒壊や家具転倒による圧死者」が、圧倒的に多く、83・7%でした。そのほとんどが木造住宅の倒壊死といわれています。**

一方、2番目の死因として、「地震火災」による死者は、「焼骨」6・0%、「焼死・火傷死」4・3%で、約1割の10・3%になります。地震当日から、数日は風もなく、ゆっくりと燃えていったけれど、消火栓は地震による断水で使えず、最長3日間も燃え続けました。よって、**死者の大部分が木造住宅倒壊で、逃げ出せなかった人でした。**

よって、**全体で、木造住宅倒壊死が90%以上になり、木造住宅が非常に危険であることがわかりました。**しかし、一方で、地震発生が早朝のみんなが家で寝ている時に起こっており、住宅以外の死者が極端に少なかった要因になっている面もあったといえます。

死者の内、「直接死」以外の「関連死」914人の死因は、肺炎223人、その他、全て病気関連の方々で、地震により十分な治療を受けられず、亡くなっています。

古い木造建築(住宅)は大地震で倒れる。

(阪神大震災にて)

表　神戸市東灘西部地区の 全数調査結果

延べ床面積	倒壊率		
	昭和 23 年以前	昭和 36 年〜49 年	昭和 50 年〜60 年
80〜120 ㎡	71	49	12
60〜80 ㎡	67	49	24
40〜60 ㎡	60	47	32
40 ㎡ 以下	56	52	41

※村上雅英:「木造住宅の地震被害と構造設計」より。

・昭和60年以降は、**倒壊率が無い。**(昭和56年に新**耐震基準**となり、以降は倒壊していない。)

・古い住宅では、**面積が広いほど倒壊**しており、80〜120㎡では71%になっている。

・昭和49年以前では、**ほぼ半数以上が倒壊**している。

古い木造建築(住宅)は、激震地で半分が倒れて、死者が出る

「古い」とは、いつからの事でしょうか。**1981(昭和56)年に「建築基準法」の耐震基準を見直して、耐震性を増し、ほぼ現在の基準にしています。その新しい基準を「新耐震基準」というのです**が、これになる前の耐震基準が低かった時を「古い」といっているのです。

これは、阪神大震災での震度7の激震地であった、神戸市東灘西部地区における全木造住宅の倒壊率を、建設年と延べ面積で分けて表にまとめています。

これは、全数ということで大変な作業でしたが、近畿大学の村上雅英教授が、お調べに

木造住宅の耐震基準の変遷

表　建築基準法の壁量規定の変遷

必要壁量（cm／㎡）

建物	改正年次	平屋建	2階建	
			2階	1階
壁の重い建物、屋根が重い建物（瓦葺きなど）、土蔵造	1950年	12	12	16
	1959年	15	15	24
	1981年	15	21	33
屋根が軽い（金属板、スレートなど）建物	1950年	8	8	12
	1959年	12	12	21
	1981年	11	15	29

表　建築基準法の木造住宅基礎基準の変遷

年代	基礎基準
〜1949年	特に規定なし
1950年〜	・外周部はコンクリート布基礎
1971年〜	・内部も全てコンクリート布基礎
1981年〜	・布基礎に鉄筋を入れる
2000年〜	・地耐力に応じた基礎形式の規定

※2000年には、以下の規定も制定

・重要な接合部の補強金物の規定
・耐力壁の配置にバランス計算の規定

なったものです。これを見ますと、昭和60年以降は、倒壊率0%で、書かれていません。さらに、基準の変わったのが1981（昭和56）年なので、「昭和50〜60年」は、それまでの倒壊率の半分程度になっており、これにより、**昭和56年以降建設の住宅は、倒れていないことになります。**

よって、**1981（昭和56）年以前の木造建築（住宅）は、激震地で半数が倒れている**ということがわかります。さらに古い建設ほど、倒壊率が高く、その古い建設では、住居面積が広いほど、倒壊率が高くなっています。

なぜ、このように半数も倒れたのか。それは戦後の「建築基準法」の耐震基準が低かったからです。

戦後に建てられた住宅は、1950（昭和

25）年に制定された「建築基準法」に則って建てられた住宅で、名称は「在来軸組構法住宅」です。古くからの民家や町家といった「伝統的構法住宅」とは､違うものです。この**「在来軸組構法住宅」は、戦後の極端な住宅難の時代に、いかに安く早く建てるかで、生み出されたものです。**

「木造住宅の耐震基準の変遷」は、この「在来軸組構法住宅」についての「建築基準法」の耐震設計基準の変遷のことです。

「表　建築基準法の壁量規定の変遷」を見ますと、耐震強度は、地震に対して、壁をどれだけ設けるかにより、耐震強さが変わってくるもので、これを「壁量規定」といいます。また、屋根が軽い建物と、瓦屋根等の重たい建物とは、基準が違っています。その「建築基準法」における変遷が書かれています。

例えば、屋根等の重い建物で、2階建てで1階の場合、床面積1平方メートルあたり何センチかの必要壁量は、「建築基準法」が制定された1950年では、16センチメートルだったものが、1981年には、33センチメートルで、これは現在の基準です。

要するに、当初の壁量規定は半分以下であり、2階でも同様で、さらに、軽い屋根でも、2階建てではほぼ同様です。これでは倒れるのも当然で、あまりにもひどい基準でした。

あまりにもひどい基準で、9年後の1959年には、耐震設計基準の見直しをして、7割程度まで、引き上げています。

一方、平屋建ての場合は、それほどひどくはなく、当初からかなりの壁量があります。

基礎の基準についても、当初が低く、順次、引き上げています。当初の1950年には、外周部のみコンクリート布基礎で、1971年には、内部の壁の下にも布基礎を設けるようにし、**1981年になってようやく、鉄筋を入れるようになりました。**この鉄筋を入れないと、コンクリートが割れて大きく崩れ、大被害の原因になります。

実は、1981年以後にも、**「在来軸組構法住宅」については、2000年に、耐震強化がありました。**

3点あるのですが、一つは地盤の強さを測定し、軟弱地盤は、杭などで補強する事、二つ目は、柱と梁などの主要接合部は、抜けないように金物で補強する事、三つ目は、耐震壁はバランス良く配置する事が、「建築基準法」に制定されました。

よって、**1981年以前に建設の住宅のみを、「耐震改修」の対象にしていますが、本来ならば、2000年以前の住宅も対象とすべきで、今後の課題となっています。**

死者が出るという事ですが、木造住宅は、倒壊しますとぺちゃんこになり、生存空間がなくなるからです。鉄筋コンクリート造等では、倒壊しても、梁の高さがある等、圧壊することが少なく、助かる場合も多いといえます。

以上が、「在来軸組構法住宅」についてですが、**鉄筋コンクリート造や鉄骨造等についても、1981年の「建築基準法」の耐震基準の見直しにより、それ以前の建物が、耐震性不備ですが、**この「在来軸組構法住宅」ほどには、悪くはありません。戦前の「市街地建築物法」で耐震設計が確立していたので、**悪くても70〜80％程度の耐震性はあり、地震被害も、部分破壊になっています。**

■マンション等は部分破壊で、建替えか改修でもめる

戦後の「建築基準法」で建てられた鉄筋コンクリート造や鉄骨造のマンションは、「在来軸組工法住宅」と同様に、1981年以前では、耐震強度は足らない状況になっています。ただし、**木造住宅のように耐震強度が半分といった極端なことはなく、70〜80％程度の耐震性はあり、部分的な破壊に留まります。**また、住宅の場合は、住戸と住戸の間に、住戸界壁の壁があり、住戸部分はある程度の耐震強度があって、ピロティ等の付属部分での破壊が多く見られました。そのため、マンションでの死者は、20名程度でした。

死者が非常に少なかったのですが、マンションの写真を見ていただくと、ピロティの柱が破壊されています。これを直す方法として、①ピロティ部分の全面改修と、若干の耐震補強をする改修案

マンションの耐震改修

□**マンションは、**1981年以前建設でも、7〜8割程度の耐震強度。
部分破壊で、死者はほぼ無し。
・ 住戸界壁があり、耐震性がかなりある。
→ ただし、**区分所有で、改修か建替えかで、もめた事例有り。**

マンションの地震被害事例（高橋一雄氏提供）

□**マンションの耐震改修**
・ **区分所有で、耐震改修方針が決まりにくい。**
・ 耐震改修費用は、完璧にやるとかなりの額となりがち。
・ 部分耐震改修により、**段階的にやる方法も**、有る。
・ この耐震診断、改修工事に自治体を通じて、**国の補助有り。**
・ 5階建て等の階段室型住戸は、耐震性が有る。

と、この際、②古い基準で建てられているので、全面建て替えをする案があります。

マンションでは、多くの住民が区分所有しながら生活していますが、それぞれ、経済状況や考え方も違っていて、この①改修案か②建替え案かで、非常に難しい選択を迫られます。

非常に大きなマンションで、戸数も多く、かつ地震での損傷も大きいマンションでは、これが決められず、裁判沙汰になり、10年以上も何もできなかったマンションもありました。

マンションの耐震改修については、それぞれの自治体で補助制度はあるものの、あまり進んでいない状況です。やはり、区分所有で、住んでいる方々の意見がまとまりにくいのが現実です。

耐震改修を厳密に行うと、かなりの額にな

り、段階的にやる方法もあり、少しでも耐震改修をしておれば、被害が大きく違ってきます。さらに、補助制度の充実ができないものかと思います。

5階以下の階段室型住戸（アパート）は、階段室の周りにも壁があることにより、戦後に建てられたものであっても、ほぼ耐震性があり、永く住み続けられる住宅です。

■神戸市役所旧庁舎は、層崩壊を起こした

これは震災直後の神戸市役所**（写真2）**ですが、手前の旧庁舎が大きく被災しました。**当初の市庁舎で1957（昭和32）年に建設されており、地震では、6階部分の柱が圧壊して、層崩壊をしています。**構造は、鉄骨鉄筋コンクリート造8階建てで、5階まで鉄骨が入っており、ちょうど鉄筋のみとなるところで、層崩壊を起こしたとのことです。

6階には水道局が入っており、図面や資料などを決死の覚悟で何とか出して、復旧工事に当たられたと聞いています。このような防災施設になる市庁舎の耐震性が、いかに大事かが良くわかります。

この棟の後ろに見えるのが、**30階建ての新庁舎で、1989（平成元）年建設で、地震では、ほとんどどこも壊れることもありませんでした。**よって、当初から避難所にもなり、神戸市の震災復旧対策の中心施設になっています。1981年の新耐震基準になってからの建物で、地震被害はなく、すぐに使える施設で、1981年以前の建物との差が、あまりにも大きいです。

写真2. 神戸市役所旧庁舎の震災直後の層崩壊状況（大海一雄氏提供）

震災後は、層崩壊した上部を取り除き、5階建てとして仮復旧しています**（写真3）**。その後、2021年に解体し、現在は跡地とその周辺で、「新庁舎・にぎわい施設」の民間施設を含んだ市庁舎2号館ビルとして、2025年の完成予定で、建設中です。

このような層崩壊は、神戸市立西市民病院でも起こっており、本館5階が押しつぶされ層崩壊しています。そこでは、入院患者44名と看護婦3名が閉じ込められましたが、自力脱出2人、救助できた人6人、ガレキの中にトンネルを作って救出できた35人、6階の床に穴をあけて救出した2人、4階の天井から穴を開けて救出した1人の計46人が脱出できています。残る患者1名は、翌18日、自衛隊も加わって捜索され、夜の8時半に見つかり、救出されましたが、す

写真3.　震災後仮復旧の神戸市役所

でに亡くなっていたとのことです。

阪神大震災は早朝に起こっていますが、この早朝にも人のいた病院での、救出の大変さが良くわかります。もし地震が昼に起こっていれば、多くのところで、どれだけの被害があったのかと想像されます。逆に木造住宅倒壊での死者は減るのではと思います。

阪神大震災では社寺や酒蔵等も倒れた

阪神大震災では、古い木造建築である社寺や酒蔵、さらには洋風建築も倒れています。**神戸には、灘五郷の内、御影郷、魚崎郷、西郷の三郷があり、酒蔵が50棟ありました。その内、写真の連棟2棟を残し、他は全て倒壊してしまいました。**海岸沿いの震度7の地域にあったことと、酒蔵は生産施設のため、建物周囲にしか壁

阪神大震災では社寺や酒蔵等も倒れた。

・阪神大震災では、古い木造建築である社寺や酒蔵、更には洋風建築も倒れた。

・神戸には灘五郷の内、三郷の**酒蔵が50棟**あり、写真の**連棟2棟を残し、他は全て倒壊した。**

・現在は、全壊した酒蔵を一部再建する等して、昔の面影を取り戻そうと努力している。

（阪神石屋川駅南約500m、2013年に売却解体される）

がなく、内部は木造軸組のみで、耐震性の少ない構造のためと思われます。

この酒蔵は、奥に見える切妻屋根の妻壁の見える連棟の2棟です。酒蔵の妻側の壁は、短い耐震壁なので、このように連棟にし、さらに手前にある事務所棟が連結することにより、阪神大震災でも、倒れなかったものと思われます。他の全てが、倒壊したという事は、**酒蔵という構造型式が、非常に地震に弱い建物といえます。**

この写真は震災後、倒壊は免れつつも傾いていたものが修復され、それを撮ったものです。その後、残念なことに、経営が上手くいかず、2013年に売却解体されてしまっています。

阪神大震災では、兵庫県内に神社が約4000社ある内、一部全半壊したのは、450社になるとのことです。約1割強の神社

神戸を代表する生田神社も倒れた。

・兵庫県内約4千社の内、一部全半壊したのは、450社になる。
・生田神社は、全壊し、写真のように柱を**鋼管コンクリート柱**とし、柱と屋根の接合も鋼鉄製の鋳物として、伝統様式で再建した。

で被害があったという事ですが、兵庫県はかなり広くて、阪神大震災の地域としては約1割強程度を占めているといえ、ほぼ全ての神社で、何らかの被害があったといえます。

神戸を代表する生田神社も全壊し、写真のように、柱を鋼管コンクリート柱とし、柱と屋根の接合も鋼鉄製の鋳物として、伝統様式で再建されています。

神戸市北野町の木造異人館も、被災しています。**約80棟ありましたが、伝統的建造物群保存地区内の34棟は、補助が95％付き修復されました。他のものは、数千万円の修復費が負担できず、10棟程が取り壊されました。**

一方、**写真は、旧居留地の重要文化財建造物である「旧神戸居留地十五番館」の倒壊状況です。**

木造異人館等も被災した。

・神戸北野町の**木造異人館は、80棟**あったが、伝統的建造物群保存地区内の34棟は、補助が95%つき修復された。他のものは、数千万円の修復費が負担できず、**10棟ほどが取り壊された。**

・写真は、旧居留地の重要文化財である**「旧神戸居留地十五番館」**の倒壊状況です。

（高橋一雄氏提供）

この建物は、旧居留地に残る唯一の建物でしたが、１８８０年頃、旧アメリカ合衆国領事館として建てられたもので、木骨レンガ造、２階建てです。

写真は、「旧神戸居留地十五番館」の復旧後のものです。**8億円の復旧費に、95%の国の補助があり、再建されました。**

軟弱地盤を改良し、建物の下に免震ゴム（地盤の揺れを建物に伝えないようにする免震装置で、鋼板とゴムを交互に重ねたもの）を入れて地震力を低減し、柱や梁の接合部等の見えないところで鉄骨補強をしています。当初部材の約７割を使って、外観は同じで再建されています。

旧神戸居留地十五番館の再建

・8億円の修復費に95%の補助が出て、再建された。
・軟弱地盤を改良し、建物の下に**免震ゴム**を入れて地震力を低減し、柱や梁の接合部などを見えないところで**鉄骨補強**した。当初部材の約7割を使って、外観は同じで再建された。

■1981年の「新耐震基準」以前に建設した建物に対し、「耐震改修」が始まった

阪神大震災では、これまで見てきたごとく、3階建ての木造住宅は、新しい建設でほぼ地震被害がなかったり、私の家は倒れたけれど、隣の新しい家は被害がほぼありませんでした。さらには、神戸市役所庁舎でも、旧庁舎は6階が大きく崩壊しましたが、新庁舎では被害はありませんでした。

このように、「**新耐震基準**」になった**1981年を境として、それ以前に建設された建物は、ほぼ、地震被害があって、1981年以後に建設された建物は、ほぼ、地震被害はありませんでした。**

（一部、戦前の鉄筋コンクリート造建物で耐

1981年の「新耐震基準」以前に建設した建物に対し、**「耐震改修」が始まる。**

○ 阪神大震災で、解ったこと。

1981年以前に建設された建物には、ほぼ、地震被害が有り、1981年以後に建設された建物には、ほぼ、地震被害は無かった。

（一部、戦前の鉄筋コンクリート造には耐震性有り）

○ **1995年（震災の年）の12月に、「建築物の耐震改修の促進に関する法律」が制定**されて、「耐震改修」が始まった。

震性があるのは、すでに、「耐震性のある戦前の耐震基準」で建てられた建物があった事によるもので、❷で取り上げます。）

この状況は、非常に大きな検証であり、「新耐震基準」にしたことが、いかに素晴らしかったかが、明確となりました。

これにより、1981年の「新耐震基準」は、地震に耐えることができる基準になっています。よって、**1981年以前に建設されていた旧耐震の建物を、新耐震基準まで引き上げる「耐震改修」が、1995年12月の「建築物の耐震改修の促進に関する法律」の制定により、始まりました。**

chapter 2

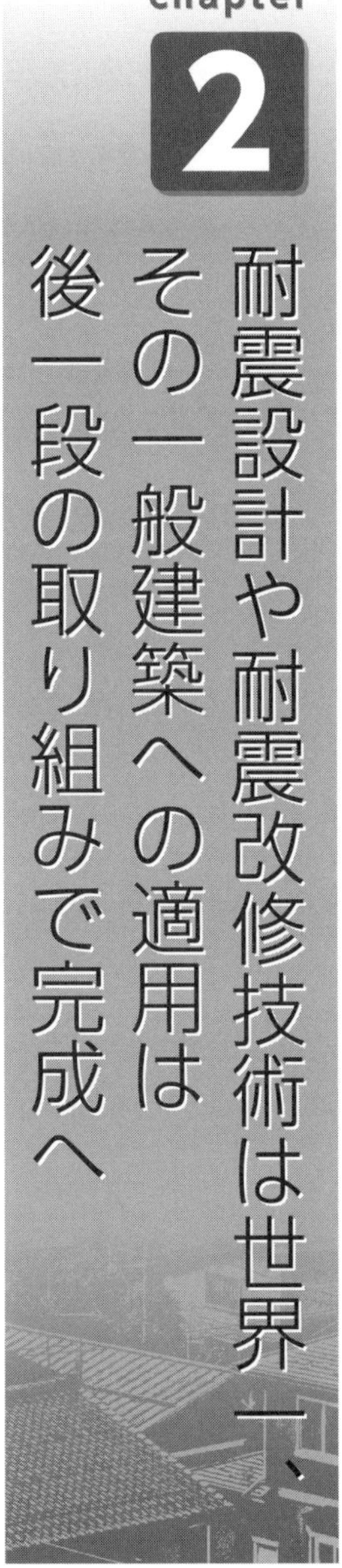

耐震設計や耐震改修技術は世界一、その一般建築への適用は後一段の取り組みで完成へ

■耐震設計は百年の歴史があり、世界一、関東大震災の翌年１９２４年に、「市街地建築物法」に世界で初めて「耐震基準」を導入した

耐震設計の研究は、１８９１（明治24）年に発生した死者７０００人余りを出した「濃尾地震」から、本格的に行われ出しました。古くからの民家や社寺と共に、明治以降、欧米より輸入されたレンガ造建物や長良川鉄橋等が、破壊されています。地震の翌年１８９２年に「震災予防調査会」が発足し、幅広い研究がなされて、この活動は、１９２３年の関東大震災を経て、「東京大学地震研究所」に引き継がれています。

以上のような研究活動の中より、**１９１５（大正４）年に、佐野利器《としかた》東大教授により、世界で初**

耐震設計は100年の歴史があるが、木造建築は不運

・**1915年**（大正4年） 佐野利器東大教授による**世界で始めての耐震設計論「家屋耐震構造論」の発表**

・**1919年**（大正8年） **「市街地建築物法」**の制定、最初は6大都市に適用
　・木造は高さ制限の制定、筋かいは3階建てに入れる。

・**1923年**（大正12年）**関東大震災** （神奈川県西部から千葉県房総半島までの震度7の帯が130キロに及ぶ内陸直下型・プレート境界地震）
　内藤多仲早稲田大学教授設計の「日本興業銀行」、 内田祥三東大教授設計の「東京海上ビル」は倒れず。 これらの耐震設計を参考に検討

・**1924年**（大正13年）**「市街地建築物法」に世界で始めて耐震基準の導入**
　・鉄筋コンクリート造や鉄骨造を対象とし、**木造は対象外。**
　・**昭和初期の鉄筋コンクリート造等は耐震性がある。**
　　（御影公会堂、国立神戸移民収容所、大阪城等）

・**1943年**（昭和18年） 戦局が厳しくなり「市街地建築物法」は停止となる。

めての耐震設計論「家屋耐震構造論」を発表しています。この耐震設計論により、その後、法律に耐震基準が制定されることになっていきます。

一方、1919（大正8）年に、「建築基準法」の前の法律になる「市街地建築物法」が、日本で初めての「建物を建てる基準になる法律」が制定されています。最初は、6大都市のみに適用で、順次、拡大していっています。

1923（大正12）年9月に「関東大震災」が起こっています。約10・5万人が亡くなる大地震でしたが、神奈川県西部から千葉県房総半島までの震度7の帯が130キロメートルにおよぶ「内陸直下型地震」で、「プレート境界地震」の両方の性質を持つ地震といわれて

います。

この関東大震災の時に、内藤多仲《たちゅう》早稲田大学教授設計の「日本興業銀行」とか、内田祥三《よしかず》東大教授設計の「東京海上ビル」は倒れませんでした。これらの建物は、佐野利器先生の「家屋耐震構造論」の耐震設計論を先取りされて設計されていたからです。

これらの実績を踏まえて、関東大震災の翌年の1924（大正13）年に、「市街地建築物法」に、世界で初めて、「耐震基準」の導入が行われました。ただし、対象は鉄筋コンクリート造や鉄骨造であり、木造については、揺れ方が違うという事で、対象外でした。このため、**昭和初期に建てられた鉄筋コンクリート造等の建物は、耐震性のある建物になっています。**

この良かった「市街地建築物法」は、戦局が厳しくなった1943（昭和18）年に停止になっています。

■戦後の混乱期に「建築基準法」はできたので、「耐震基準」は切り下げられ、1981年の「新耐震基準」でほぼ現在の「耐震基準」になった

戦後のまだ焼け野原のある混乱期の1950（昭和25）年に「建築基準法」が制定されました。

日本の耐震基準は、1981年にほぼ現在基準に

・1950年（昭和25年）「**建築基準法**」の制定　全国対象の基準

　・**初めての木造建築の耐震基準の制定**

　・**それは必要壁量の制定**（2階建てでは**新耐震基準の半分**しかない）

　・**鉄筋コンクリート造や鉄骨造は、以前に比べ耐震基準を引き下げる。**

・1959年（昭和34年）**木造の必要壁量の改正**（**当初の約1．5倍で7割に**）

・**1981年（昭和56年）新耐震基準の導入**

　・木造は2階建てで当初の**約2倍の必要壁量**となる

・1995年（平成7年）　**阪神大震災**（淡路島北端部から宝塚までの震度7の帯が50キロに及ぶ内陸直下型地震）

　12月に「**建築物の耐震改修の促進に関する法律**」の制定

・2000年（平成12年）「**住宅の品質確保の促進等に関する法律**」の制定

　・重要な**接合部の補強金物規定**を定める

　・地耐力に応じた**基礎形式の規定**を定める

　・耐力壁の**配置にバランス計算**の規定を定める

戦災で都市の大部分は焼け野原となり、占領地の外地から引き揚げてくる方々も多く、住む家のない方々が街にあふれていました。いかに早く、安く建てるかが求められている時代でした。

「建築基準法」は、建物を建てるための必要最低限の基準を定めています。ところが、**社会の求める、より早く、安く建てられるようにとの要請に応え、めったに来ない地震対策は切り下げられています。特に、木造建築では、2階建てで耐震設計の必要壁量が、半分以下でした。**木造建築の初めての耐震基準でしたので、わからなかった面が大きいと思われます。平屋については、当初から7〜8割程度はありました。

鉄筋コンクリート造や鉄骨造は、それほど

には下げられていませんが、７〜８割程度まで、下げられています。

以後、地震で新しい被害が出るたびに、耐震基準の部分改定をして、少しずつ引き上げています。

木造建築の２階建てで、必要壁量が半分以下ではあまりにも危険なので、９年後の１９５９（昭和34）年に、７割程度まで引き上げる改訂をしています。

１９８１（昭和56）年に「新耐震基準」を導入して、ほぼ、現在基準まで引き上げています。これで、ほぼ現在の「震度７でも倒れない基準」になり、阪神大震災でも、これ以後に建てられた建物は、ほぼ被害なしでした。

１９９５（平成７）年に阪神大震災があり、１９８１（昭和56）年以後の「新耐震基準」で建てられた建物は、ほぼ地震被害なしでした。

このことより、１９９５年12月に、「建築物の耐震改修の促進に関する法律」が制定され、１９８１年以前に建設された建築物に対して、「耐震改修」を始めています。

住宅については、１９８１年の「新耐震基準」は、まだ耐震性が不十分で、２０００年に「住宅の品質確保の促進に関する法律」を制定しています。このことの詳細は**1**で取り上げています。

以上が、日本における「耐震設計の歴史」ですが、阪神大震災で被災して、調べまわってようやくまとめたものです。

建築の分野では、大きく分けて、意匠系と構造系と設備系に分かれますが、私は、意匠系で、構造については、良くわからないものです。このことについては、構造系の先生が、専門誌で書かれていました。構造系の方は、もう知っていたのかもわかりませんが、建築士の教養として、さらには一般の方も、知っておくべきことと思います。

1981年以前建設の戦後の建築物は倒れたが、以後の建築物は倒れず、さらに、戦前建設の鉄筋コンクリート造や鉄骨造も、倒れなかった

阪神大震災では、「新耐震基準」になった1981年以前に建設された戦後の建築物は倒れましたが、1981年以後建設の建築物は、ほぼ倒れませんでした。さらには、戦前建設の昭和時代の鉄筋コンクリート造や鉄骨造も倒れていませんでした。

作家の万城目学氏と門井慶喜氏共同制作の『ぼくらの近代建築デラックス』（文藝春秋）という本の中で、大阪・京都・神戸・横浜・東京の52件の近代建築中、**門井氏は、マイベスト建築として、「御影公会堂」を選ばれています。**特に独創的で、変化に富んだ外装の多様さが良い、古い様式の

写真4.　神戸市立御影公会堂

時代から現代デザインへの移行期のその当時の前衛芸術が、今も気楽に使われているのが素晴らしいと絶賛されています。

この「神戸市立御影公会堂」**（写真4）**は、建設時、御影町公会堂として、主として白鶴酒造の嘉納治兵衛氏の寄付金にて、1933（昭和8）年に、一時期、神戸市営繕課課長をされた清水英二氏設計にて、建設されています。戦災で内部は焼けましたが、直撃を免れ、その姿は野坂昭如氏著作の『火垂るの墓』にも描かれています。

阪神大震災では、戦前建設の建物なので、「市街地建築物法」の耐震設計で建てられており、ほとんど被害がなく、400人が身を寄せる避難所に1年間、なっています。

現在は、2016年に老朽化に対する修繕とバリアフリー対応で、リニューアル工事を行い、

写真5. 旧神戸市立生糸検査所(KIITO旧館)

て利用されています。

国の登録有形文化財にもなって、集会施設とし

(写真5)の「旧神戸市立生糸検査所」(KIITO旧館)は、神戸港の輸出生糸の品質検査を行う施設として、1927(昭和2)年に清水英二氏の設計で建設されています。その後、1932(昭和7)年に国に移管となり、東側に国立生糸検査所(新館)が建て増しされました。

長らく、国の生糸検査所でしたが、1980年に閉鎖となり、農林水産省施設として使われていました。その後、2009年に神戸市が土地建物を購入し、改修工事の後、2012年に、「デザイン・クリエイティブセンター神戸(KIITO)」としてオープンしています。

旧館、新館とも、戦前建設の建物で、阪神大震災でも被害はなく、当初の建物状況を良く残

しています。

以上、神戸を代表する戦前建設の鉄筋コンクリート造等の耐震性のある建物を見てきましたが、これ以外にも、多くあります。どんな都市でも、何棟か何とか残っていると思いますが、これらの耐震性について、**阪神大震災以前では、このように耐震性があることは、まったく、わかっていませんでした。**

■「耐震改修」の必要原因が、「建築基準法」の不備による「国の責任」であり、「耐震改修」に補助を受けることは、アスベスト対策等と同様に、「私達の権利」です

これまで「耐震設計」の歴史の中で見てきたごとく、「建築基準法」は、戦後の焼け野原が広がる、多くの人々にまともな家のない、特に困難な時代に成立しています。めったに来ない「地震対策」は後回しにして、戦前にあった良き「耐震基準」を切り下げて、出発しています。

折しも大地震の少ない「平穏期」であったこともあり、1981年の「新耐震基準」で、ほぼ「現在基準」まで引き上げられるまでに建てられた建築物は、「耐震性不足建築物」になっています。

このことより、「耐震改修」の必要な建築物になってしまうのですが、この「建築基準法」の「耐震基準」が低かったことが原因であり、施工者や設計者等による手抜き工事等が原因ではありませ

「耐震改修」の必要原因が、「建築基準法」の不備による「国の責任」であり、「耐震改修」に補助をすることは、アスベスト対策等と同様に、「私達の権利」です。

・戦後の貧しさの中で、戦前の良かった**「建築基準法」の「耐震基準」**を切り下げてしまったのが、「耐震性不足建築」を生み出し、「耐震改修」必要の原因になっていて、**「国の責任」**になる。

・よって、「耐震改修」に補助をすることは、アスベスト対策や、薬禍や公害被害等のごとく、**元の法律が悪かったために、起こった事であり、「国の責任」**として行うべきことに成る。

・私たちの当然の権利であり、**国は、「耐震改修」に補助をもっと確実に行うべきことを、行っていない。**

ん。**建てる法律が悪かったために、生まれていて、これに対する「耐震改修」は、アスベスト対策や薬禍や公害被害の補償と、何ら変わらないもので、「国の責任」になります。**

よって、国は「耐震改修」を推進して、もっと補償すべき事なのに、十分な「補助制度」を設けていないのが現状で、残念なことになっています。

以上は、戦後の「建築基準法」に則って建てた、1981年以前建設の建築物についてですが、これ以外で、神社や仏閣、酒蔵や、民家や町家等の「伝統的建築物」等は、この対象になりません。

「伝統的建築物」は、後で詳しく検討しますが、私たち日本民族のアイデンティティを高

阪神大震災で、戦前の鉄筋コンクリート造建物は、耐震性が有ることがようやく解った。

・「市街地建築物法」において、関東大震災の翌年1924年（大正13年）に、**耐震基準が導入され**、1943年（昭和18年）に、法が停止となる。

・その間に建設された鉄筋コンクリート造建築は耐震性があることを、世間一般、及び、建築関係者も知らなかった。

・「近代神戸の小学校建築史」（川島智生著）によると、**阪神大震災時1995年には**、神戸の戦前の鉄筋コンクリート造小学校は、**25校あり、震災で2校を除き健全で、避難所に成っていたのに驚かれている。**

2校の内、1校は、無理な吹き抜け構造のところで被害が有り、もう1校は、戦災で火災にあって、コンクリート劣化によるとのこと。

めるもので、「日本文化を守るため」に、また、失われると復元の難しい、「貴重な観光資源」として、残していくために、「耐震改修」が必要です。

■阪神大震災で、戦前の鉄筋コンクリート造は、耐震性があることがようやくわかったが、今やほとんど残されていない

耐震設計の歴史において、「建築基準法」の前の法律である「市街地建築物法」に、関東大震災の翌年1924（大正13）年に、耐震基準が導入され、1943（昭和18）年に、法が停止となっている事。また、**その間に建設された鉄筋コンクリート造等の建築物は、耐震性があり、戦後の1981年の新耐震基準ま**

でに建てられた鉄筋コンクリート造等の方が、耐震性が低いことが、阪神大震災まで、建築関係者を含めて、わかっていませんでした。

私も、神戸市役所に勤めていましたが、係長で営繕課か学校建設課にいた阪神大震災前に、この耐震性のあった戦前の１９２９（昭和４）年に建設された摩耶小学校（旧西灘第三小学校）を、建て替えてしまっています。

その当時の文部省の建て替え基準は、鉄筋コンクリート造校舎で、確か、建設から50年を過ぎれば、0.5になり、後少しコンクリート強度悪化や中性化があれば、建て替えになる基準だったと思います。つまり、ほぼ50年を過ぎれば、建て替えをしていたように、思います。

この摩耶小学校は西灘第三小学校として、川島智生（建築史家・神戸情報大学院大学客員教授先生の書かれた『近代神戸の小学校建築史』（関西学院大学出版会２０１９年）に詳しく載っています。神戸市に合併する前の、灘五郷の酒屋さんのある裕福な西灘村が建てたもので、旧宝塚ホテル等を設計された古塚正治氏による設計です。

『近代神戸の小学校建築史』によると、『大正期から昭和戦前期を通して神戸市は61校の鉄筋コンクリート造の小学校を完成させている。』と書かれています。よって、阪神大震災時１９９５年には、25校になっていたという事は、36校が建築後50年を超えたという理由で、建て替えられたものと思います。非常にもったいないことをしてしまっています。**この残っていた25校の内、部分破壊をした2校を除き、阪神大震災の激震地でも持ちこたえられたことで避難所になっています。**

このことは、一部吹き抜けの構造設計のミスはありますが、**全般として、約100年前の1924年に導入された耐震基準が、大地震にも耐えることができる基準であり、施工も正確にできていることを示しています。**

この震災時にあった25校も、現在は、少子化による統廃合等により、北野と二葉の2校は、小学校ではない施設になり、筒井は統合で、春日野小学校となって残っています。

■1938（昭和13）年竣工の木造住宅でも耐震設計ができた技術力

これは、「**山本清記念財団（旧山本家住宅）**」**（写真6）**です。**1938（昭和13）年竣工の、主屋として2階建て木造住宅、延べ517平方メートル、付属蔵は鉄筋コンクリート造2階建て67平方メートル、離れの茶室は、木造平屋建て20平方メートルですが、阪神大震災で激震地にありましたが、倒壊していません。**なお、震災後、土壁に亀裂が生じたのみですが、瓦屋根については、ほぼ全面で葺き直しています。

写真6. 山本清記念財団（旧山本家住宅）

建設場所は、西宮市結善町で、阪急夙川駅の北北東約７００メートルにあり、県道82号線に面する建物で、周辺では、古い木造住宅が倒れる激震地でした。「昭和初期の阪神間モダニズムの上質な暮らしが漂う住まい」として、代々5名の社長さんのお住まいで、道路に面する東側入口以南が部分的に洋風で、他は和風になっています。国の「登録有形文化財」と「ひょうごの近代住宅１００選」と「西宮市都市景観形成建築物」に指定され、財団として一般公開しています。

この住宅については、平成21年度の文化庁補助事業として、Ｈ２０阪神（ひょうごヘリテージ機構阪神地区）が行った、**「地域登録有形文化財の安全活用のための耐震診断の実践」の活用モデル事業の対象住宅になっています。**具体的には、２００２年に伝統建築向けに開発された「限界耐力計算による耐震設計法」を、会員が学びながら、実践としてモデル住宅について耐震診断を行ったものです。

その結果、**「山本清記念財団」は、最終的に、この時の講師でいらっしゃった四宮忠明氏により、参考として、一般住宅を対象とする「一般診断」も含め、「限界耐力計算」との2通りで、診断が行われています。**また、主屋は、女中居室の部分でくびれており、全体として剛床は成立しないので、この部分で南北２棟に分割して、診断をしています。

診断に先立ち、住宅の仕様を調査しました。工事中の写真も多く残っており、特に基礎は、鉄筋コンクリート造布基礎で、最新の住宅基礎と変わらないものです。屋根は葺き土のある瓦屋根、外壁は土塗り壁で木摺下地モルタル塗り、内壁は土塗り壁、床は荒板で火打梁ありです。

さらには、天井裏の小屋組みは、洋小屋になっており、その木部の接合部に金物が使われていました。

診断の結果は、「一般診断」では、茶室のみ、「一応倒壊しない」ですが、主屋では、南北棟ともに「倒壊する可能性が高い」となり、倒壊しなかった現実と、合っていないことになります。これは、大きく揺れながら持ちこたえる**伝統建築では、「一般診断」は、その良さを正確に診断できないことを示しています。**

写真7. 旧山本家住宅の上部は工事中、下部は地震後の現況写真

一方、「限界耐力計算による耐震設計法」では、全棟において、「倒壊しないレベルの耐震性を有している」と判断されています。**以上より、「限界耐力計算による耐震設計法」は、大きく揺れる「伝統建築」の耐震診断にふさわしいことがわかり、「山本清記念財団」は、倒壊しない耐震性のあることがわかりました。**

この住宅の設計者は、三越大阪支店住宅建築部の茶室研究者として知られる岡田孝男氏です。耐震設計に対する配慮は、いろいろとされており、プランでは、民家に見られるような端から端まで見通せるようなことはなく、各室の独立性を高めて、壁が多く設けられています。

図3.　主屋1階平面図

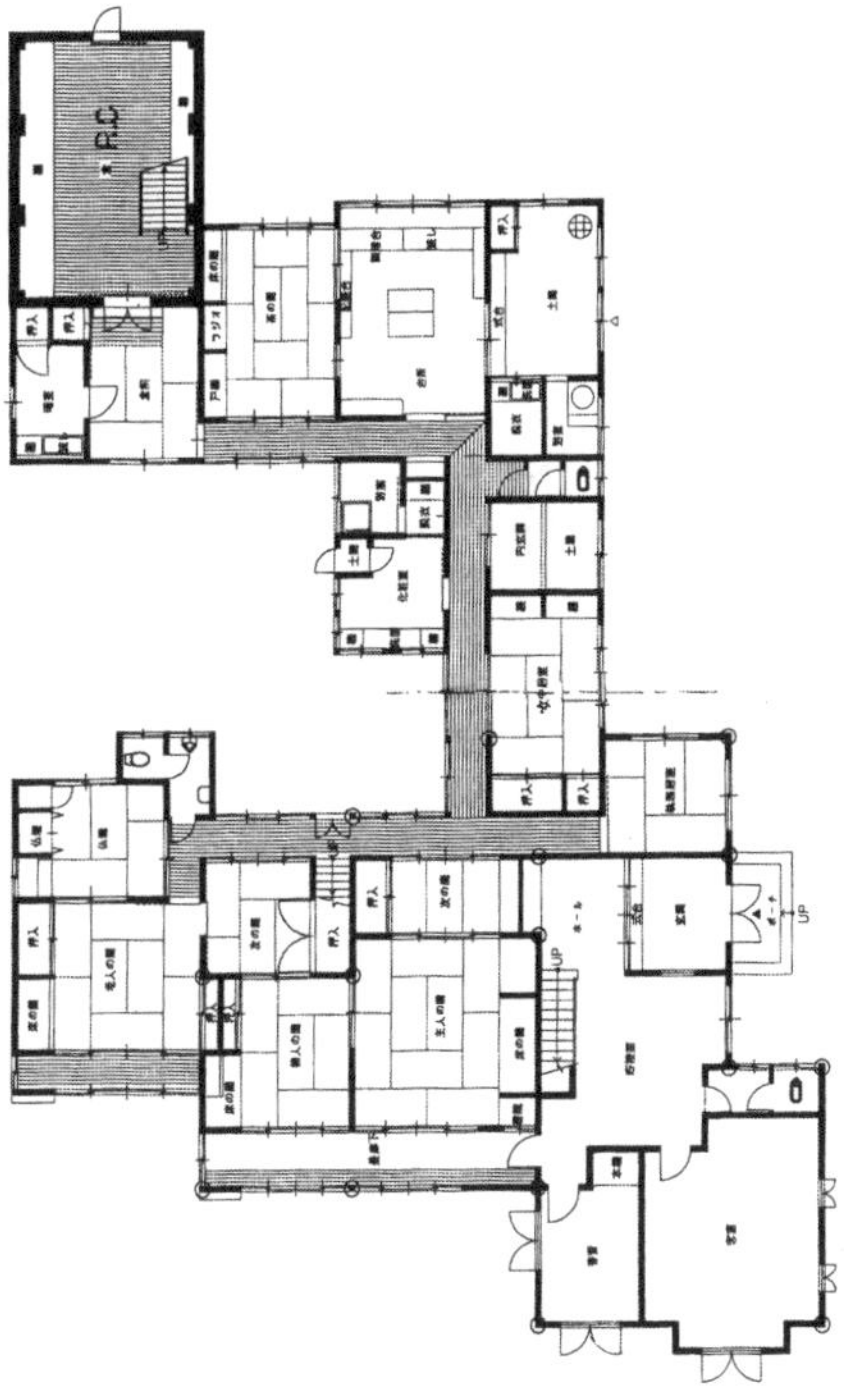

図4.　主屋2階平面図

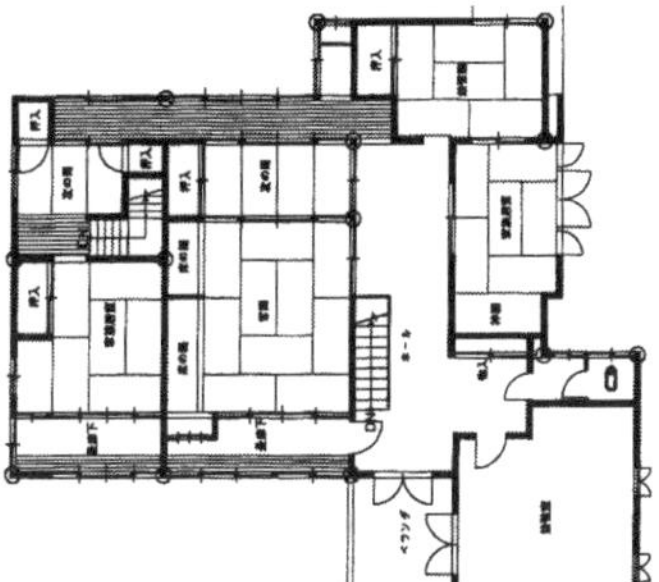

以上が、２００９（平成21）年に診断された結果ですが、「**一般診断**」については、**診断改訂が２０１２（平成24）年にあり、「土塗り壁」の「基準耐力」が増える方向で見直されています。**塗厚50ミリメートル以上70ミリメートル未満で、改訂前２・２kN／m→改定後２・８kN／m、塗厚50ミリメートル未満「40ミリメートル以上50ミリメートル未満（改定後）」１・７kN／m→２・４kN／mへ上がっています。

よって、壁はかなり多くあり、改定後の「一般診断」で行ってみると、意外と倒壊しない現実に合ってくるかも知れません。

とにかく、1938（昭和13）年の戦前の時点で、耐震性のある木造住宅が、すでに耐震設計されていたという技術力があったといえます。

■ハイチ地震やトルコ・シリア地震の倒壊は、伝統構法の不備と手抜き工事が原因で、まだ直っていない

ハイチ地震は、2010年1月12日16時53分に起こったマグニチュード7・0の地震で、死者が31万6000人におよぶ、大被害でした。ちなみに、世界で記録に残る地震では、中国の華県の1556年1月における地震での、約83万人の死者に次ぐ、2番目の死者数の地震になります。

その原因は、長年不安定な政情が続き、政府が統治能力を欠いていたため、建築物に安全の備えがなされていなかったことにあります。

建物は、鉄筋コンクリートのフレームに、素焼きレンガを積み上げて壁にする構法が主流になっていて、各階の床スラブは、梁を使ってきちんと補強することになっています。

ハイチ地震（2010年）

- ハイチ時間の**2010年1月12日**16時53分にハイチ共和国で起こったマグニチュード7.0の地震であった。

- **死者が、31万6千人に及ぶ、大被害**であった。

- その原因は、長年不安定な政情が続き、統治能力に欠く政府では、**安全に備えがされていなかった**。
  建物は、鉄筋コンクリートのフレームに素焼き煉瓦を積み上げて壁にする工法が主流だが、各階の床スラブは梁を使って補強しなければならない。
  しかし、**建設業界では、「手抜き」と「賄賂」が横行**し、いい加減な**耐震性の無い建物**になっていた。

ところが、当時のハイチの**建設業界は、「手抜き工事」や「賄賂」が横行し、いい加減な耐震性のない建物が建てられていました。よって、ほとんどの建物が倒壊し、死者が多数出たという事です。**

地震では、建物に耐震性が無ければ、必ず倒れますので、いかに地震で倒れない耐震性のある建物にしていくかが、問われていると思います。

トルコ・シリア地震は、２０２３年2月6日4時17分に、トルコ南東部を震央とするマグニチュード7・8の地震があり、さらに、同日13時24分に、その南西約１３０キロメートル地点で、マグニチュード7・5の地震がありました。

トルコ・シリア地震（2023年）

- **2023年2月6日**現地時間4時17分にトルコ南東部を震央とするマグニチュード7．8の地震があり、同日13時24分に、南西約130km地点で、マグニチュード7．5の地震があった。
- 両国の**死者は、56，000人以上の大被害であった。**
- 多くの人命を奪ったのは、これまで大きな地震が無かったところに、**2回も大きな地震が来た**ことによる。歴史的建築物や多くが古い耐震基準で建てられたもの、そして、新しい中層住宅でも倒れており、**検査を不正し、基準以下工事が多々見られた。**
- トルコでは、1998年に「新耐震基準」に引き上げ、これに沿った公共建築等は、激震地で地震被害なし。更に、2007年に耐震改修規定を定めたが、耐震改修はほぼされていない。
- **良い「新耐震基準」はできたが、守らない業者が多すぎる。**

死者は、5万6000人以上で、トルコ5万人以上、シリア6000人以上の大被害でした。

多くの人命を奪ったのは、これまで大きな地震のなかったところに、2回も大きな地震が来たことによるといわれています。

歴史的建築物や多くが古い耐震基準で建てられた建物が倒壊しています。さらに、新しい中層住宅等でも倒れており、金銭を払えば基準を満たさなくても建築が認められる仕組みがあり、手抜き工事も後を絶たないとの事。逮捕者も出るなど、責任追及におよんでいます。

トルコでの耐震基準の変遷については、日経アーキテクチュア2023．4．13の「巨大地震202X」の特集記事に『最初の耐震基準は1944年に制定、**98年に設計地震荷重を大幅に増加し、日本のいわゆる新耐震基準に相当する基準に改訂した。2007年の改定で既存建築の耐震診断・補強の規定を追加、**最新の18年の改定では高層建築や免震建物などの規定も追加した。』（太字は著者による）とあり、日本と同じように定められていて、『官庁関係の公共建物など新しい耐震基準で設計されたとみられる建物に被害は見当たらなかったという』と一部の新しい建物には、耐震基準の効果は見られるものの、古い建物での耐震改修は、ほとんど進んでいないとのことです。

建築基準法の工事完了検査済4割が、ほぼ100%になったのは阪神大震災以後

一方、日本では、約百年前の1924年に「市街地建築物法」に世界で初めての「耐震基準」を制定して、鉄筋コンクリート造や鉄骨造では、早くから耐震設計を行っています。また、木造では、伝統構法で1400年ももっている世界最古の法隆寺等もあります。そういった歴史風土の中で、**日本では、極端な手抜き工事はなく、震度5までの弱い地震で倒れる建築物はない状況です。**

ただし、震度6以上になると、伝統構法建築物でも倒れだし、戦後の鉄筋コンクリート造や鉄骨造建築や木造建築も、「新耐震基準」になった1981年以前の建物では、被害がでます。

建築基準法の工事完了検査済4割が、9割以上になったのは阪神大震災以後。

・日本は、1924年に「市街地建築物法」に世界で始めて耐震基準（木造除外）を制定し、木造で世界最古の法隆寺がある。震度5までの耐震性のある建築物のある国。
・ただし、**「建築基準法」**の**「完了検査」**完了**は4割が続いていたが、**阪神大震災で倒壊した建築物に、違反建築や施工不良が混じっていた事を契機に、建築安全の実効性確保に。
・平成11年に建設省（現国土交通省）よりの「建築物安全安心推進計画について」に呼応して、**最大被害の神戸市が頑張り、平成18年には、「完了検査」完了は9割以上を達成**している。
・平成17年に姉歯元建築士による構造計算書偽装事件もあり、**現在では、「完了検査済証」は、**ローンの条件や、宅地建物取引業法の重要事項説明の要件の1つで、**必須事項になる。**
・「耐震改修」は、危険な建物から実施し、道半ばで取り組み中。

これらの建築物に対して、現在、「耐震改修」が取り組まれていますが、まだ、道半ばの状況です。

一方、残念なことに、「建築基準法」の検査の「工事完了検査済証」を取っている新築建築は、全体の4割程度で低迷し、「建築基準法」は、「ざる法」といわれていました。

阪神大震災で倒壊した建物に、違反建築や施工不良が混じっていたことにより、建築物の安全の実効性確保に動き出しています。具体的には、1999（平成11）年に建設省（現国土交通省）よりの「建築物安全安心推進計画について」に呼応して、最大被害の神戸市において、違反建築をなくす徹底した活動を始めています。

その活動は**『違反建築ゼロ（住まいの安全・神戸の挑戦）』（学芸出版社）２００７年初版、編集者元神戸市職員増渕昌利氏の本に、詳しくまとめられています。**

完了検査１００％を目指す活動として、完了検査の実施状況を分析し、まず、ハウスメーカーの１００％を目指しています。建築主の要望での建築基準法違反等、難しい面もありますが、当然のこととして、守っていただいています。建築士へのお願いとして、「建築士事務所協会」にお世話になりながら、検査率の悪い設計事務所に交渉に当たり、個別撃破で、問題を解決していっています。さらには、建売業界では、検査率の低い業者には、県市合同の立ち入り検査や、神戸市による工事現場パトロール等を繰り返し、粘り強く検査を受けるまでにしていっています。最後に、建築主の事情については、現在検査率が上がってきており、今後、完了検査に通っていなければ、各種、不利益が生じてくると警告して、検査を受けていただいています。これらの活動により、**神戸市では、２００６年度（平成18年度）に98％までの検査率になっています。**

こういった活動は全国的にも取り組まれ、**２００６年には、「工事完了検査」完了は、全国的に9割以上を達成しています。**

２００５（平成17）年には、姉歯元建築士による構造計算書偽装事件があり、「完了検査済証」は、より重要になっています。**現在では、「完了検査済証」は、住宅ローンの必要書類であり、宅地建物取引業法の重要事項説明の要件の一つになっており、必ず取る必要があるものになっています。**

かつて、4割程度しか取れていなかった「完了検査済証」は、阪神大震災後、急激に必ず取るべきものになっています。

アメリカは、ツーバイフォー工法の開発で地震を克服している

広いアメリカ合衆国では、西海岸に地震は集中しています。1906年4月にマグニチュード7・8の地震が、サンフランシスコを襲いました。この地震で発生した火災は4日間にわたって燃え広がり、市内の4分の3が燃えてしまいました。

これまでにアメリカでは、1871年と1874年に二度にわたるシカゴ大火や、1872年のボストン大火がありました。それで木造建築は都市大火を引き起こすという事で、**サンフランシスコ地震大火以後、都市においては、木造建築に対して建築不可の厳しい規制が行われるようになりました。**

この規制に対して、**木材生産団体が、木造建築でも火災に強い工夫ができないかと、産学官の共同研究を行い、火災に強い「プラットフォームフレーム工法」を1920年頃に開発しました。この工法が、日本での「ツーバイフォー工法」です。**（写真8）

これは2インチ×4インチ角の部材を使った木製枠に合板を貼る壁式構造で、今回、**内壁に石膏**

アメリカは、ツーバイフォー工法の開発で地震を克服している。

・**アメリカ合衆国は、西海岸に地震があり、**1906年にサンフランシスコに大地震があって、市内3／4が燃えてしまった。
1871、1874年にシカゴ大火、1872年ボストン大火あり。

都市の木造住宅の建築不可を言われ、木材生産団体が産学官の共同研究で開発（1920年頃）

・**火災に強い「プラットフォームフレーム工法」を開発。**
日本での「ツーバイフォー工法」で、木製枠に合板を貼る壁式構造で、**内壁に石膏ボードを張り、耐震、耐火性が有る。**

・1989年にサンフランシスコに大地震があり**建物ほぼ被害無し。**
・日本でも、1924年に神戸市に建設され、阪神大震災で被害無し。

・**鉄筋コンクリート造や鉄骨造の「耐震設計基準」は、**日本に学び**1933年に、ロスアンゼルス市のビルディングコードで定めた。**

ボードを貼り、耐火性を高めています。特に石膏ボードは、1902年に発明された新しい材料です。

この工法は、木造の壁式構造であり、もともと耐震性のある工法で、今回耐火性も備えることになりました。

アメリカの木造建築の歴史は、はじめは、ヨーロッパから直輸入の「軸組構造」でしたが、技術力がいることより、簡単に建てやすい工法として、木製枠に合板を貼る壁式構造を編み出し、最初は、2階までの壁を一気に建ち上げる「バルーンフレーム構造」としました。

さらに、建て易く、1階ごとに壁を建ち上げ、床を敷き、その上に、壁を建ち上げる「プラットフォームフレーム工法」を開発しています。その内壁に、石膏ボードを貼るようにしてい

写真8. 「深江文化村」の地震に耐えたツーバイフォー工法の住宅

ます。

1989年10月に、サンフランシスコをマグニチュード7・1の地震（ロマプリータ地震ともいう）が襲いましたが、ほぼ木造建築の地震被害はなく、地震を克服しています。

日本においても、この「プラットフォームフレーム工法」住宅を、1924（大正13）年に建てています。当時、木材関係の仕事で、北アメリカのポートランドに赴任中の施主冨永初造氏が、関東大震災のニュースを知り、この工法は、地震に強いことを知って、材料をアメリカやカナダから輸入して建設されました。

理想の住宅地を作ろうと地元の医師やアメリカ人ヴォーリズの弟子吉村清太郎氏が計画し、約1万平方メートルの土地に、芝生の庭を囲んで13軒が建てられました。

場所は、神戸市東灘区深江南町の芦屋川の西岸で、海に近い場所です。阪神大震災で阪神高速道路の高架道路が倒壊した場所のわずか250メートル南の激震地でした。**現在も2軒が残っていますが、ガラスが割れた程度で、瓦も落ちなかったといわれています。**

戦前、この地は、**「深江文化村」**と呼ばれ、ロシア人音楽家なども暮らし、バイオリニスト貴志康一氏や指揮者朝比奈隆氏らをはぐくんだ「関西洋楽のふるさと」と呼ばれる一大文化ゾーンでした。

一方、**アメリカ合衆国における、鉄筋コンクリート造や鉄骨造の「耐震基準」は**どうでしょうか。日本は、1924年に「市街地建築物法」に「耐震基準」を定めています。この日本の耐震研究に倣い、**アメリカでは、カリフォルニアのロングビーチ地震後の、1933年にロサンゼルス市のビルディングコードとして、「耐震基準」を定めています。**

■日本は、世界一の耐震設計や耐震改修技術がまだ生かしきれていないが、後一段の取り組みで完成へ

1924（大正13）年、「市街地建築物法」に「耐震基準」を制定しています。この基準により

日本は、世界一の耐震設計や耐震改修技術がまだ生かしきれていないが、後一段の取り組みで完成へ。

・1924年（大正12年）、「市街地建築物法」に「耐震基準」制定。

・1950年（昭和25年）、「建築基準法」制定。
日本が戦争に負けて、**最も貧しい時に、「耐震基準」改訂。**
極端な資材節約設計を強いた「戦時」規準の「耐震基準」になる。

・1981年（昭和56年）、見直して「新耐震基準」制定。

・1995年（平成7年）、「阪神大震災」で「新耐震基準」を検証。
「新耐震基準」以後の建物は、ほぼ地震被害無し。
「旧耐震基準」では、地震被害が有り、**「耐震改修」を始める。**

「補助対象外施設」の「耐震改修」を後一段の取り組みで、**完成へ。**

建てられた戦前の建築物は、阪神大震災でも、地震被害がほぼない建築物になっています。

この良かった「市街地建築物法」は、戦局が厳しくなり1943（昭和18）年に停止になり、**戦後の1950（昭和25）年に、「建築基準法」に、変わっています。**

この「建築基準法」が制定された時代背景と、これの新しい「耐震基準」の改定については、**関西大学建築学科の西澤英和名誉教授が書かれた『耐震木造技術の近現代史』（学芸出版社）に、詳細に載っているので、引用をさせていただきます。**この本は、もともと、明治から現在に至るまでの木造建築の耐震化の歴史について書かれていて、その一部に書かれています。

時代背景ですが、本には『終戦直後の経済状況は戦中よりさらに悪化し、結局昭和25年6月25日の朝鮮戦争勃発による戦争特需で経済が息を吹き返すまでは、建設資材の統制は容易に撤廃できず、……』のごとく、**建設資材の統制が続く、経済がどん底の昭和25年に「建築基準法」は制定されたという事です。**

よって、「構造規定」としては、「建築基準法施行令（建築基準法の細則）」は、『占領統治下で制定された建築規格3001号（戦時中のものと同等）は見直されることなく、そのまま施行令に踏襲された。こうして「戦時」の「臨時」規則は「平時」の「恒久」基準になったのです。にわかに信じがたい話だが、建築基準法施行令第85条（積載荷重）、第90条（鋼材等許容応力度）、第91条（コンクリート許容応力度）は、〝本土決戦〟や〝一億玉砕〟が叫ばれるなか、極端な資材節約設計を強いた「戦時」規準そのものである……』**【（）内は筆者が追記】**と、**戦時中に決めた積載荷重や許容応力度がそのまま、建築基準法施行令になっています。**

元の「市街地建築物法」の「耐震基準」では、水平震度k（横から建物に作用する地震力の係数、これに建物重量を掛けると地震力になる。）は、0・1で、「建築基準法」では0・2で、2倍にしています。ただしこれ以上に、積載荷重と、許容応力度にて、低減をしています。

まず、積載荷重では、「市街地建築物法」では、地震荷重といった区別はなく一律で、例えば住家では、200kg／㎡ですが、「建築基準法」では60kg／㎡で3分の1程度で、他も同様です。確かに最大限に積み上げることはないかも知れませんが、余裕がありません。

また、許容応力度では、短期と長期を設け、鉄・鋼では、短期（地震用）は、長期の1・5倍で、部材が「降伏」する時の応力度です。コンクリートの場合は、長期の2倍で、「圧縮強度」の3分の2になります。**地震時には、ぎりぎりの強度まで、使うという事で、これも余裕の全くない使い方です。**

以上のように、「建築基準法」の「耐震基準」は、日本が一番貧しかった時に、戦時中のいかに少ない材料で建てられるかの最低の最低で始まっています。よって、その後は、地震がある度に、耐震規定を上げています。

この「耐震基準」を大きく上げたのが、1981（昭和56）年の「新耐震基準」の制定です。その成果は、「阪神大震災」で検証され、ほぼ地震被害がありませんでした。

この「新耐震基準」によって、ほぼ耐震性のある建築物が建てられるようになり、現在までに43年経過し、かなり「新耐震基準」建築物が増えてきて、耐震性のある建築物になっています。

一方、「新耐震基準」以前の戦後の建築物は、耐震性が足らないので、阪神大震災があった1995（平成7）年の12月に、「建築物の耐震改修の促進に関する法律」を制定して、「耐震改修」を始めています。

「耐震改修」は、教育施設がほぼ完了したごとく、国の補助制度のある施設は、かなり進んできていますが、補助制度のない施設は、一部建替えはあるものの、ほとんど進んでいない状況で、取り残されています。

以上のごとく、「新耐震基準」になってから40数年経ち、かなり建て替わってきている事や、「耐震改修」も始まってから29年にもなり、補助制度のあるものは後10年ほどで完了になりそうです。そういった中で、**多く残る「補助対象外施設」の「耐震改修」を、後一段の取り組みで、完成していくことが求められています。**

chapter 3

一般木造住宅の耐震改修

ここでは、「一般木造住宅の耐震改修」を、次の**4**では、「伝統的木造建築の耐震改修」について、その現在の進捗状況を検討します。一番身近な木造建築で、耐震化しなければ、地震では崩壊して大被害になります。

かなり取り組まれてきていますが、一段の取り組みで、「耐震改修」をやり終えたいと思います。

■木造住宅耐震改修の手順

1995年12月に制定された「建築物の耐震改修の促進に関する法律」により、耐震改修は始まっていきます。当初は、耐震改修の理論はあるのですが、具体的な改修に適した方法がまだなく、急速に技術開発がされていきます。

木造住宅耐震改修の手順

① 自宅の木造住宅が、**1981年以前の建設かどうか**調べる。

② 1981年以前のものであれば、**市役所等に、耐震診断の申し込み**をする。

これ以前は自分で行い、以後は、耐震診断改修専門家や工事業者が行い、希望は述べる。

③ **耐震診断を受ける。**耐震性の基準「評点」1．0以下であれば、耐震改修工事が必要。

④ 「評点」1．0以下であれば、**耐震改修設計をする。**

⑤ **耐震改修工事を行う。**ほぼ、自宅に住まいながらの工事。

一方、**「木造住宅の耐震改修」の補助の体制については、国が一定の補助を出し、それに上乗せの形で都道府県が大枠を決め、その中で市町村が、実施計画を決める形で進めています。**よって、現在では、全ての市町村で「耐震改修」は可能になっていますが、当初では、なかなか全国に広がっていくのが遅かったように思います。

そういった経過をたどり、**現在では、診断方法や耐震改修手法も確立されてきており、それぞれの市町村で「木造住宅の耐震改修」が進められています。**

「木造住宅耐震改修の手順」ですが、まず、自分の木造住宅が1981年以前の建設かどうかを調べます。

これは、1981年に「新耐震基準」になって、以後は地震で倒れなくなりましたので、それ以前の住宅が「耐震改修」の対象住宅になります。

1981年以前に建設の住宅であれば、対象住宅になりますので、市町村の窓口に行き、「耐震診断」の申し込みを行います。それぞれの市町村で補助制度がありますが、そのやり方がいろいろと違っています。例えば、耐震診断員の派遣制度のあるところとか、まず耐震診断だけを行うところとか、あるいは簡易耐震診断を行うところ等もあります。これは、都道府県や市町村のそれぞれが自主性で、取り組まれているからです。

また、以上は、一般木造軸組住宅の場合で、伝統工法住宅の民家や町家の場合は、同じ耐震診断方法で行うことも可能ですが、民家や町家に合った「限界耐力計算による耐震設計法」による方法があります。ところが、現在のところ、この方式で行っているところは、非常に、限られている状況です。

伝統工法住宅の耐震改修は、今後の課題として残っていますが、市町村の担当者に相談していただければと思います。

「耐震診断」の申し込み以後は、自ら依頼した、もしくは役所から紹介された耐震診断員さん等が、住宅の現在の状況を調査され、「耐震診断」を進めていきます。何かやりたいこと等があれば、希望は最初にいっておきましょう。

その後、「耐震診断」の結果が出れば、耐震診断員さんから説明があり、耐震性の基準である「評点」1・0以下であれば、耐震改修工事が必要になります。恐らく、耐震改修工事をすると、どれぐらいの費用が掛かるかの予想を出していただけるので、それも検討した上で、耐震改修工事を行うのかどうかを決めます。

耐震改修工事をするとなると、まず始めなければならないのは耐震改修設計です。耐震改修設計では、どこの壁で補強するか等、聞いてきますので、検討をしていきます。何か間取りなどの変更を考えているのならば、相談するのはこの機会です。できる場合とできない場合があります。また、軽微でない場合、その分の費用がリフォーム費・設計費等として必要になります。

耐震改修工事は、住まいながら行う工事です。平均的な耐震改修工事のみの場合で、契約してから準備期間は約10日程度、その後の実働の工事期間は約2週間程度で、全体工期は約35日程度です。ただし、耐震改修箇所の多いものや、リフォーム等の追加のある工事は、さらに工期が伸びていきます。

木造住宅耐震改修の総費用

・耐震改修の効果に比べて、補助もあり非常に安い。
（元々震度5までの耐震力は有り費用はかなり安い。）

・一般木造軸組住宅・・・・平均約230万円程度／戸
「耐震診断・改修設計」の費用は平均約35万円
「耐震改修工事」　の費用は平均約180万円
「工事監理」　の費用は平均約15万円

・伝統工法住宅（民家や町家等）※老朽化改修含まず。
平屋建て・・・・・・・推定平均約300万円程度／戸
2階建て・・・・・・・・推定平均約500万円程度／戸
（伝統工法は、地盤状況により費用は大きく変化。）
・補助金は、100〜150万円程度ある。

■木造住宅耐震改修の総費用は極端に安く、百万円程度（一般木造）の持ち出しで可能

一般木造軸組住宅の耐震改修の総費用は、「はじめに」に書きましたが、平均で戸あたり**約230万円程度です。その内訳は、工事で平均約180万円、耐震診断・改修設計で、平均約35万円、工事監理費で、平均約15万円程度です。**

工事費については、いろんなところで、平均額が出ていますが、最近では、非常に安い工法が開発されている一方で、建設物価が値上がりしています。

伝統工法住宅では、まだまだ事例も少なく、若干、精度の悪い推定金額になっています。

よって、**耐震診断や工事監理費も含めた戸あたりの平均値で出していますが、平屋建てで、平均戸あたり推定約３００万円程度、2階建てで、平均戸あたり推定約５００万円程度としました。**また、伝統構法建築では、地盤状況により、揺れ方が大きく変わる事により、費用も大きく変わり、一概にいえない面があります。さらには、老朽化している場合は、その改修補修費が別途でかなり必要になる場合も多くあります。

現在、戸建て住宅に対する補助金は、自治体により、まちまちですが、多くが診断改修設計費等も含めて１００～１５０万円程度です。よって、**一般木造軸組住宅では、百万円程度の持ち出しで可能になっています。**

この本の原稿がほぼ完成した２０２４年8月に、国土交通省では、来年度より、能登半島地震で耐震化の遅れで家屋被害が拡大した事により、住宅耐震改修に最大50万円の補助上乗せをすることを、概算要求に入れたとの朗報がありました。

これは素晴らしいことで、特に一般木造軸組住宅では、耐震改修の総額の平均が約２３０万円であり、補助金も１００～１５０万円程度あり、これに最大50万円の補助上乗せの効果は非常に大きく、耐震化の推進に大いに貢献すると思います。

これについては、この章の最後で取り上げます。

■ほぼ既存壁を耐震補強し、間取りは悪くならない

この住宅は、1975（昭和50）年に竣工で、西宮市の海沿いの激震地から北に、2キロメートルほど上がった山すその住宅で、阪神大震災では、基礎にクラックが入った以外、ほとんど被害がありませんでした。玄関入口の扉面より、南側（下側）が、2階になっていて、延べ床面積は、97・73平方メートルです。

窓の多い開放的で明るく、風の通る住みやすい住宅ですが、その分、耐震的に強度の出る壁が少ない住宅です。確認申請時の図面が残っていて、それを見ますと、多くの壁に「筋違」が入っていて、特に1階では、外周の全てに入っていました。また、天井裏を見てみますと、梁と柱の接合部に、「羽子板ボルト」という梁が抜けないようにする金物が、ほぼ全てに付いているのと、床面のゆがみをなくす「火打梁」も入っていました。これらは、建築基準法で定められた以上の耐震補強になり、これらと、山すそで地盤も良くて、ほぼ被害がなかったのではと思います。

耐震診断をしてみますと、基礎にクラックが入っている事により、非常に耐震性が下がり、評点0・55（評点とは、正式には「上部構造評点」と呼び、建物全体の耐震性を表していて、1・0以上が倒れない基準です。）で、「倒壊する可能性が高い」になっています。一度、大きな地震に遭うと、どこかが被害を受け、そのままであれば、次に大地震が来ると、大被害になりやすいという事

既存壁中心の最新耐震補強で

0.55　—→　1.00
348万円　348万円
1975年建築　耐震

- 窓の多い開放的な住宅で、11面の既存壁を最新工法で補強した。
- 基礎のクラック補強は、樹脂注入。
- 2階は、押入内3面コーナー金物補強、部屋1面最新壁補強。

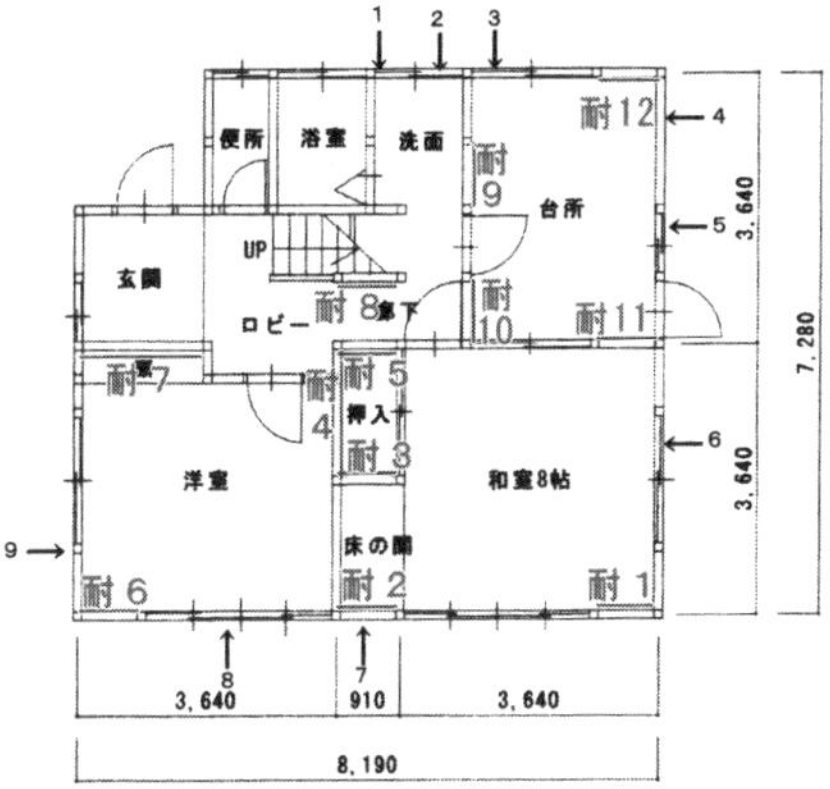

1階耐震改修図

です。

また、1階では、東西方向（左右方向）の壁が少ない状況で、これを補強していくことが必要です。

以上の状況より、耐震補強としては、既存壁の耐震強さを増す方法で行います。そのため、壁の少ない東西方向の壁については、ほとんどの壁で補強することになっています。

補強壁の配置については、家全体での耐震力のバランスを計算しながら、行っていきます。また、内装仕上げの少ないところは安くできるので、極力、押入れや小さい部屋から行うようにしています。

この住宅では、1階の12面の壁で補強します。その内、図面の「耐12」の壁については、柱と土台および梁の交差部の4箇所に、柱頭柱脚金物（柱や梁が抜けないように設置するコーナー金物）を付けて、外れてしまわない補強のみをしました。この柱頭柱脚金物を4箇所付けるだけで、その壁の耐震力を最大にすることができるもので、他の補強壁でも全て設置しています。**その他の11箇所の壁では、最近開発された「新しい壁補強工法」で補強しました。**

この**「新しい壁補強工法」**は、写真のように、「筋かい補強壁ガーディアン・シールド」で鋼製ブレースを取り付けるのですが、天井と床を、剥がすことなく取り付けができるものです。さらに、その上に、下地になるアルミアングルを柱に取り付け、そのアングルに構造用合板を取り付けて、耐震壁にします。

このアルミアングルと構造用合板は、どこでも売っている汎用品で材料代が安くなり、ブレースと合わせても全体的に安くなります。

基礎のクラックの改修ですが、エポキシ樹脂の注入で接着して直します。これは、建築基準法で、1981年になって、やっと鉄筋を入れるように改訂されており、それまでは、基礎に鉄筋を入れなくても良かったのです。ところがコンクリートは、引っ張りに弱いので、無筋の基礎では、地震でたやすくクラックが入ってしまいます。

2階の補強については、押入れ内の3面の壁で、柱頭柱脚金物補強をし、部屋内の1面で「新し

新しい壁補強工法

ガーディアン・シールド　下地アルミアングル　構造用合板

い壁補強工法」で補強しました。

全体の耐震改修費が、３４８万円となり、工事費として割高な結果となっています。これは、「新しい壁補強工法」を行ったところのほとんどに、当初の木製筋違があり、撤去して、新しいブレース補強を入れる必要があり、もともとの耐震補強をつぶして、入れています。非常に効率の悪い補強になったことにより、工事費が上がったものと思います。

以上のような補強により、最終の評点は、1・00となり、耐震性は向上しました。

■間取りを良くする耐震改修も可能

これは、愛知県建築物地震対策推進協議会

DKと洋室の一体化リフォームを耐震改修で

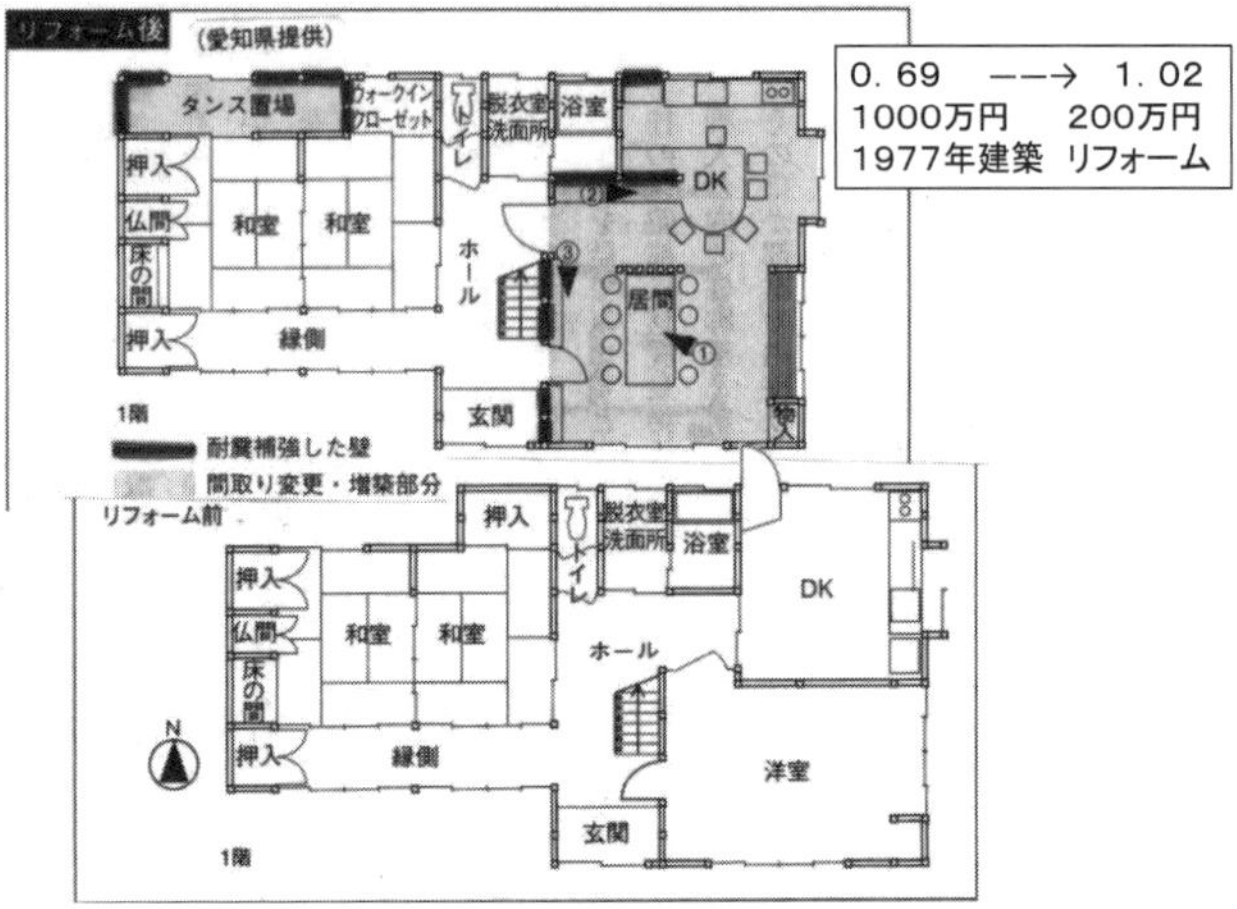

が、日本で初めての事例集として作られた『耐震改修ガイドブック「リフォームするなら強い家」』の12事例の中の1事例です。

1977年建設で延べ床面積133・4平方メートルのこの家を購入し、リフォームを計画しました。リフォーム前の図面のごとく、**DKと洋室が壁で仕切られており、狭苦しい事より、壁を取り除き、部屋の外回りの壁で耐震補強をしました。**また、取り除いた壁では、柱は残し、一部格子組み壁により耐震壁にしています。さらには、本棚やテーブル等を作り付け家具にして、地震時の家具の転倒を防いでいます。

さらに、**和室北側がへこんでいる事より、その部分を箪笥置き場として増築し、収納場所を確保すると共に、耐震壁を新設して建物**

全体を安定させました。その他、居間は床暖房にし、ほとんどの部屋の壁の塗り替え等をしました。

改修工事費の内訳としては、耐震壁の新設と補強や基礎の新設などの耐震補強関係費が約200万円で、その他リフォーム費が約800万円となり、全体工事費は1000万円になっています。

この耐震改修工事により、評点は、0・69から1・02と耐震性が改善され、開放感のある快適なリビングになって、前よりも住みやすい家になっています。

なお、一部増築があり、建築確認申請をしています。

床張り工事に合わせて
床暖房工事をした
床暖房　90万円

① 壁を取り払い床暖房をしたDK

② 造り付けのテーブル・家具
造り付けにして地震時に倒れないように配慮した
テーブル・家具　52万円

③ 居間の本棚の転倒を防ぐ
天井まで造り付けにして地震時に倒れないよう配慮した
本棚　18万円

■住宅耐震改修の進捗状況は、平成30年では耐震化率約87％で、現在では推定約500万戸が耐震改修未着手で残っている

住宅耐震改修の進捗状況については、国土交通省の「住宅・建築物の耐震化の現状と目標」に、以前から、継続して書かれています。これによりますと、令和5年に「住宅・土地統計調査」が行われているのですが、まだ、集計ができていないので、平成30年現状値というのが出ています。

平成30年では、住宅の総戸数は約5360万戸であり、その内、耐震性あり戸数は、約4660万戸、耐震性なし住戸は、約700万戸で、**耐震化率は約87％です。**この耐震性なし住戸の平成25年時は、約900万戸であり、この5年間に、約200万戸減少しています。

国の目標も書いていて、「令和12年には、耐震性を有しない住宅ストックを概ね解消する。」となっています。ただ、平成25年から平成30年までの減少約200万戸の減少速度で行くと、少し伸びて、「令和18年までかかる」ことになります。とはいえ、それほど伸びませんので、このままいけば、耐震性なし住戸は、2024年の現在より約十年少しで、なくなるといえます。

以上は、住宅の全体の話ですが、その中には戸建て住宅とマンション等の共同住宅があり、**現在では、耐震性なし住戸は、**約200万戸減少したと仮定し、マンション等の共同住宅が減りにくいとして、**戸建て住宅が推計約400万戸で、マンションが推計約100万戸程度ではないかと、推**

住宅耐震改修の進捗状況と取り組み

住宅の耐震化の進捗状況			
	平成20年	平成25年	**平成30年現状値**
総戸数	約4950万戸	約5200万戸	約5360万戸
耐震性有り戸数	約3900万戸	約4300万戸	約4660万戸
耐震性なし戸数	約1050万戸	**約900万戸**	**約700万戸**
耐震化率	約79%	約82%	**約87%**
	平成20年 → 平成25年	平成25年 → 平成30年	
耐震無し戸数減少	**約150万戸**	**約200万戸**	
※国土交通省の「住宅・建築物の耐震化の現状と目標」より			

・**国の目標・・・・・令和12年には、耐震性を有しない住宅ストックを概ね解消する。**・・・・・・・現状では、令和18年までかかる。
・現在、ほぼ木造住宅400万戸、マンション等100万戸が残る。
・**年間40万戸減**の内、耐震改修は推定6万戸程度、他は建替え、及び地震、水害、火災等の災害で滅失している。
・**現在の課題・・・**耐震性なし住宅の世帯主は、**その半数が、65歳以上の高齢で、年収300万円以下の方**である。
→　耐震改修を諦めてしまっている。

計いたします。

この古い年次資料に、平成15年から平成20年の5年間で「建替約90万戸、改修約30万戸」と書いてあり、この耐震改修が5年間で約30万戸なので、1年間では約6万戸が、耐震改修により耐震性ありになっています。この状況がそのまま続いていると仮定すれば、「年間40万戸減の内、耐震改修による減は推定6万戸程度、他は建替え、および地震、水害、火災等の災害で滅失している。」になります。

この状況は、耐震改修が非常に少ないけれども、経済が順調であることによって、建替えが順調に進んでいるといえ、ある程度は、仕方のない事かと思います。ただ、どんどんと住宅は失われており、耐震改修をすれば、後50年以上は使えるものを、もったいないと

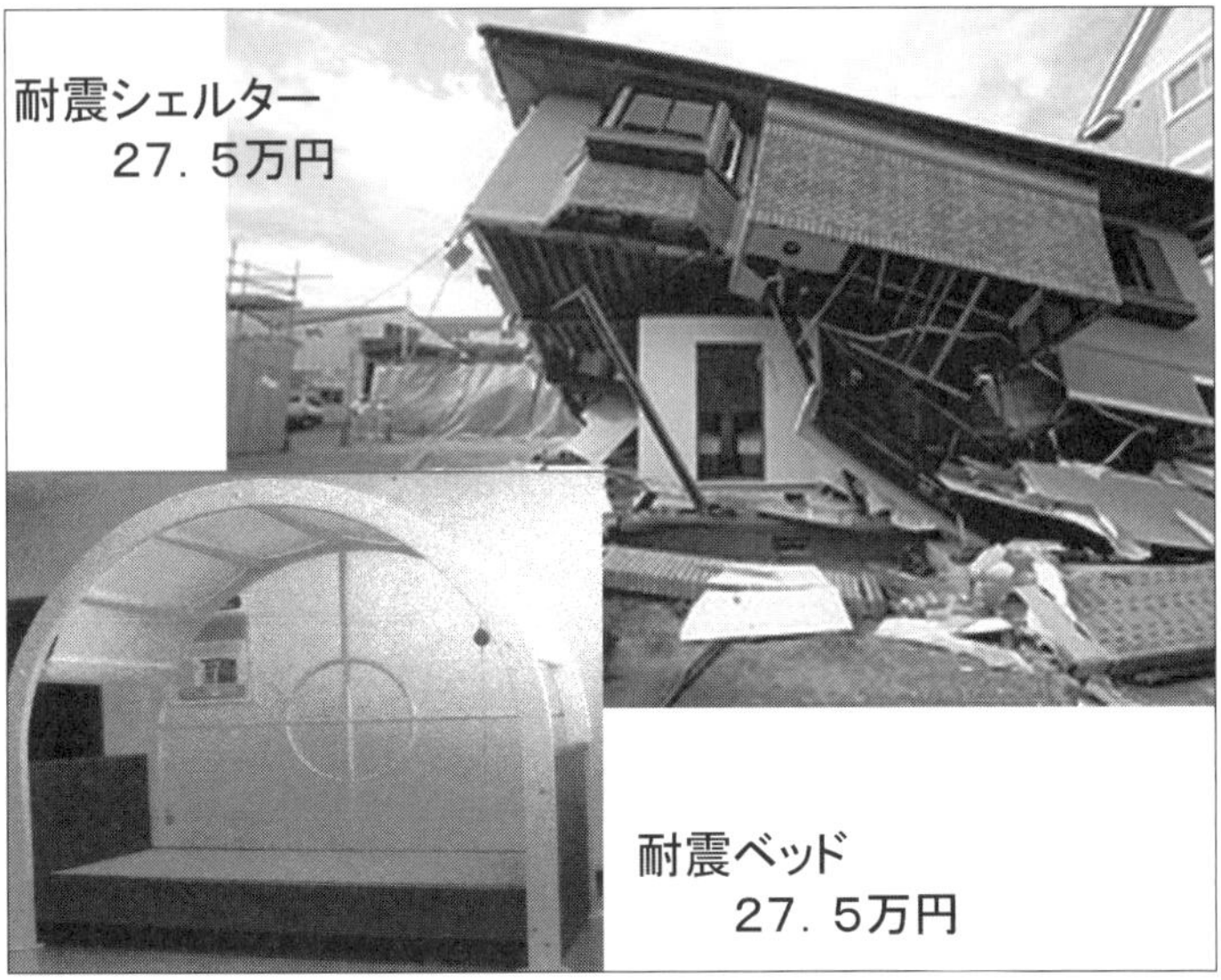

思います。

少し古い資料になりますが、平成24年3月の国土交通省の政策レビュー結果（評価書）「住宅・建築物の耐震化の促進」の27～28ページに、「**旧耐震基準の住宅に居住する世帯の半数は、世帯主の年齢が65歳以上であり、同じく、世帯の半数は、年間収入が300万円未満の世帯である。**」と書かれています。

以上の事から、年収が300万円未満の高齢の方が半数もおられるという事で、経済的に厳しく、耐震改修を諦められている方が非常に多い現状です。このことが耐震改修の大きなネックになっています。

これの対策として、多くの方々が、検討や研究をされ、各種、対応策が生み出されています。

まず、**写真のごとく、「耐震ベッド」とか「耐震シェルター」とかが開発**され、共に、耐震改修をしていなくて建物が倒れても、地震時にこの中に逃げ込めば、助かるものです。共に27・5万円ですが、「耐震シェルター」については、一条工務店製造の木製で2ベッド可の面積の広いもので、東南アジアの安い人件費のところで作ることにより、実現しています。

さらには、評点1・0以上まで出なくても、0・7以上でも良いとか、屋根の軽量化のみでも良いとかの段階的耐震改修整備でも可能になってきています。とりあえず、完璧にしなくても、ある程度の安全性を確保し、余裕が出れば、完璧に耐震改修をする方式です。

このように、新しい製品や段階的整備方式も選べるなど、多様な方法が模索され、多様に取り組まれてきていますが、大きく「耐震改修」が進んでいるようには見受けられません。

そういったことにより、「はじめに」に書かせていただきましたが、耐震改修工事費がかなり安い事より、年収300万円未満の方々に、50万円~100万円の国による補助上乗せを提案しています。

■津波対策の高知県で、ほぼ費用の掛からない耐震改修を開発

南海トラフ地震で、海岸部において、津波が数分で到達するといわれる**高知県では、**家からすぐ

に逃げ出す必要があります。そのためには、家が地震で倒壊しては逃げ出せません。高知県ではその切実な家の耐震化を、住民に費用が掛からないように実施することに成功し、**最近、急速な住宅耐震化を実現しています。**その**具体的方法は、2点あり、①「安価な工法の活用」、②「10分の10補助の実現」、により、実現しています。**

①「安価な工法の活用」としては、愛知建築地震災害軽減システム研究協議会にて開発され、その中心は、名古屋工業大学の井戸田秀樹教授によっています。

耐震改修事例の97ページに出ている「**新しい壁補強工法**」のことで、「筋かい補強壁ガーディアン・シールド」の床、天井を残したまま設置できる鋼製ブレースと、アルミアングルで構造用合板を張る工法です。その工法は各種、構造用合板の張り方の種類を増やして、どんな場合でも対応しています。

各種、構造用合板の張り方の種類としては、2022年3月時点で、58種類の仕様があります。そのそれぞれの仕様を決めて、壁基準耐力（kN／m）等を、大学の実験室で出していただき、耐震改修に使えるように取り組んでいただいています。民間では利益の出ないことなので、大学の研究テーマの一環として、取り組まれています。

さらには、このような工法の開発にとどまらず、木造住宅の耐震診断法として、より精度が高く、効率的な方法として「清算法」を提唱されています。それは、一般診断法に、「偏心率計算」を使

津波対策の高知県で、ほぼ費用の掛からない
耐震改修を開発。

○ 安価な工法の活用

- ・愛知建築地震災害軽減システム研究協議会にて開発
  （名古屋工大　井戸田秀樹先生が中心）
- ・汎用性のある材料（構造用合板等）での補強方法
- ・床、天井を、解体せずに行う安価工法、その他の工夫。

○ 10／10補助の実現 （津波避難対策として）

- ・高知県で、92．5万円上限の10／10補助。
- ・黒潮町では、これに32．5万円を上乗せし、125万円
  の10／10補助。（普通は23％、1／3程度であった。）
  ほぼ無償となり、町全体等、急速に耐震化が進む。

○高知県では、年間約100棟から約1,500棟の耐震改修に。

うことにより、補強壁の偏在をなくして効率を高め、さらには、「N値計算」により、各補強壁端部の引抜力を計算で出し、その強度に合わせた、柱頭柱脚金物を取り付ける事により、補強壁の強度は最大となって、効率的な補強となります。

また、住民の方への耐震改修の必要性の説明方法や、耐震診断員と施工業者の協力事例などもあげて、安価な耐震改修の推進を、図られています。

これらの一連の成果をもとに、名古屋工業大学高度防災工学研究センターの取り組みとして、「NPO法人達人塾ねっと」を2018年に立ち上げ、このNPO法人のサポートで、「木造住宅の耐震リフォーム達人塾」を開催し、安価な耐震工法の普及に、努められています。

県ごとに普及を図り、2022年8月時点で、

26府県が取り入れられています。

高知県も早い時期に、講習を受け、取り入れて、平成26年度の平均戸あたり工事費188万円が、令和2年度で155万円に下がっています。

②「10分の10補助の実現」

については、例えば、工事費補助では、これまでは、ほとんどの自治体は、国と地方自治体合わせて、23%という古い国の補助基準のため、ほぼこれに合わせていました。例えば、私の住む兵庫県西宮市の場合は、阪神大震災の被災都市ゆえ補助は手厚いのですが、古くは、県が工事費の3分の1で93・3万円上限、それに西宮市より工事費の4分の1で30万円上限、その後も、同じような程度の補助で、推移しています。これらによると、約2分の1から3分の2程度は、施主がいつも出すことになり、かなり高い工事費になります。

それを、高知県は津波対策で、どうしても耐震改修が必要という事を考え、補助率を100%にしています。

100%にしても、限度額が92・5万円になっており、そのため一方で、耐震改修工事を下げる努力をしています。

さらに、黒潮町では、これに10分の10補助の32・5万円を上乗せし、合計10分の10補助の125万円として、比較的平屋の多い黒潮町では、何とか工事費がほぼ収まった事と、工務店と耐震診断員との良い連携を築き、さらには補助金を施工業者が受取り、施主が工事費の補助金分を先払いしなくてすむ「代理受領制度」も行い、**それらで、急速に耐震化が進みました。**この黒潮町の経験等を県内市町に広めて、さらに取り組みを推進しています。

高知県では、平成17年に住宅耐震改修補助制度を設けた取り組みをはじめ、実績としては、最初はわずかの棟数でしたが、①「安価な工法の活用」と②「10分の10補助の実現」に取り組むことにより、**平成28年度には、1200棟余りになり、翌年には、1500棟を超え、以後は毎年1500棟前後の実績になっています。**

この高知県の取り組みを知った兵庫県では、令和3年度から工事費の補助率を5分の4としており、西宮市でも、工事費補助を5分の4程度で100万円限度額にしています。

このように、工事費の補助率を、高知県で100％、兵庫県で5分の4と、自治体の努力で行っていますが、もともと、国の補助基準が、あまりにも低すぎると思います。新築の住戸には、利子補給とか、温暖化対策の各種補助等で、手厚い補助が付いていることを考えると、低すぎます。特に、耐震性が低い原因が、建築基準法の基準が低かったためであり、国の責任であることを考えると、100％は当然の事であり、限度額ももう少し上げても良いと思います。

特に、令和12年に耐震性の低い住宅をほぼなくすという目標を掲げているのなら、補助率の改定

を考えるべき時期にきています。

住宅の耐震改修補助については、2024年8月に、最高50万円の補助上乗せを来年度から行う予定との朗報がありました。これについてはこの❸の最後で検討しています。

■熊本地震では、震度7の地震が2回起こり、「直接死」が50名で、「関連死」がその4倍以上になった

熊本地震では、震度7の地震が2回襲いました。2016（平成28）年4月14日午後9時26分と16日午前1時25分に起きています。これにより、最初の地震で、壊れて、さらに2回目で、より大きく破壊して、被害を拡大しています。

この地震の死者は、「直接死」は50名で、死因は、2回とも夜間の地震でしたので、相変わらず「家屋の倒壊」で37人が亡くなっています。さらに**「土石流に巻き込まれ」て10人死亡し、土木事業の新しい課題**になっています。その他では、「ブロック塀の倒壊」で1人、「火災」で1人、「不明」1人になっています。

死者数が少なかったのは、家の多い都会ではなく、田舎で起こったことによるのと、2回目の地震が最大で、1階等が完全に潰れたのですが、もうすでに避難して人がいなかった事もあると思わ

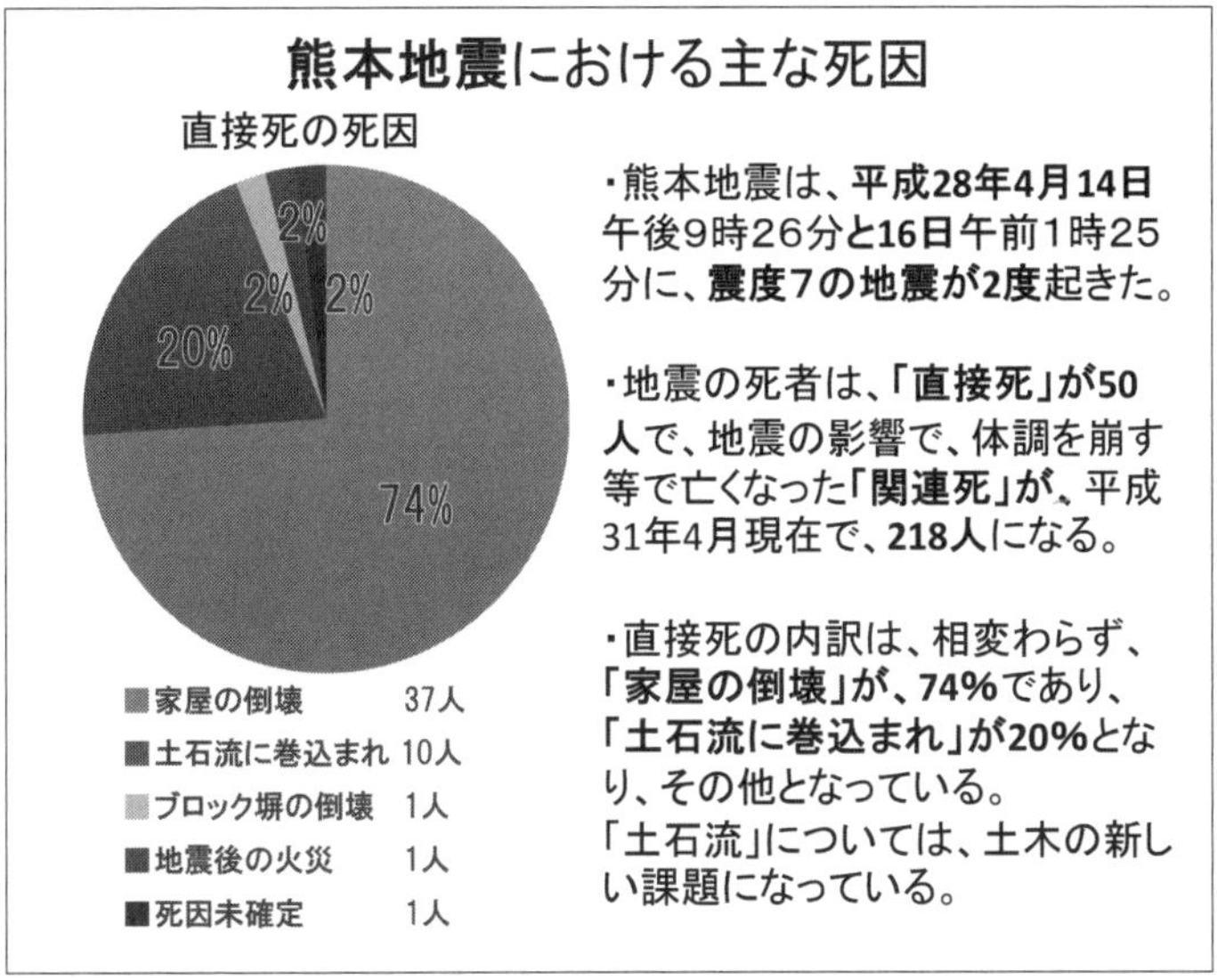
熊本地震における主な死因
直接死の死因
2%
2%
2%
20%
74%
家屋の倒壊 37人
土石流に巻込まれ 10人
ブロック塀の倒壊 1人
地震後の火災 1人
死因未確定 1人
・熊本地震は、平成28年4月14日午後9時26分と16日午前1時25分に、震度7の地震が2度起きた。
・地震の死者は、「直接死」が50人で、地震の影響で、体調を崩す等で亡くなった「関連死」が、平成31年4月現在で、218人になる。
・直接死の内訳は、相変わらず、「家屋の倒壊」が、74%であり、「土石流に巻込まれ」が20%となり、その他となっている。
「土石流」については、土木の新しい課題になっている。

れます。

一方、「関連死」は、非常に多く、平成31年4月時点で、218人になっています。地震が相次いだことにより車での避難が多くて、エコノミークラス症候群等で亡くなるとか、病院や高齢者施設等が被災して、移動などで亡くなる等が原因となっています。

熊本地震では、阪神大震災から21年が経過しており、その間の「耐震改修」の成果が出ています。

顕著なのは、学校施設で、2008年の中国四川大地震の校舎倒壊での児童の約1万9000人の大量死を受け、始まったもので、急速な学校施設の耐震化をほぼ完成していました。そのため、体育館等で一部被害がありましたが、学校施設はほぼ健全で、震災の1カ月後に、全校で授業を再開しています。阪神大震災では、校舎が倒壊し、被災地外に疎開したことを考えると、素晴らしい成果です。

その他、庁舎や病院等一般建築物でも、「耐震改修した建物」や「新耐震基準建物」では、一部を除き軽微な被害で済んでいます。ただ、「耐震改修」をしていない建物の被害が目立っていました。

さらには、土木構造物の「鉄道」「新幹線」「各種道路」等は、阪神大震災では、復旧に数カ月を要していましたが、熊本地震時には非常に「耐震改修」が進められていて、「主要鉄道」は約1週間、「新幹線」と「高速道路」は、約2週間で開通しています。土木構造物の「耐震改修」の大きな成果が出ていました。

2000年以前の新耐震木造住宅も耐震改修への取り組みが、一部で始まる

木造住宅では、「新耐震基準」で、現在の「耐震基準」にしましたが、一部、不十分な点があり、2000年に「住宅の品質確保の促進等に関する法律」を制定して、「耐震基準」を強化しています。

その内容は、3点あり、一つは、「重要な接合部の補強金物の規定」で、柱と梁や土台との接合部に、引抜が起きないように、強度に合った接合金物を取り付けなさいという規定です。二つ目は、「耐力壁の配置にバランス計算の規定」で、耐力壁は、建物全体でバランス良く配置しなさいという規定

です。三つ目は、「地耐力に応じた基礎型式の規定」で、建つ場所の地耐力を測定し、その地耐力に応じて、杭を打つなり、土壌改良やベタ基礎等、基礎型式を検討しなさいという規定です。

2016年の「熊本地震」では、震度7の地震が2回もあったことより、耐震性の不備の影響がより大きく出ています。

具体的には、日本建築学会の益城町の調査で、新耐震基準になった1981年から2000年間に建設された木造住宅の9・1%で「倒壊」と、9・8%で「大破」で、実に20%近くが「倒壊」や「大破」になっています。これは上記の3点に関しては耐震性が不十分であることによっています。

このことは、非常に重大なことで、「2000

2000年以前の新耐震木造住宅も耐震改修へ

- 2000年の木造関連の建築基準法改正
  - 重要な接合部の補強金物の規定
  - 耐力壁の配置にバランス計算の規定
  - 地耐力に応じた基礎形式の規定
- 震度7が2回の熊本地震で、耐震改修必要が明確に。
  - 日本建築学会の益城町調査より

〜1981年、	倒壊32．1%、大破17．7%
1981年〜2000年、	倒壊9．1%、大破9．8%
2000年〜	倒壊2．9%、大破4．1%

- 東京都で、2000年以前の新耐震木造住宅も耐震改修が始まる。

年までに建設された木造住宅も、耐震改修すべき」の議論が起こりましたが、その当時は、耐震改修方式が変えられることもなく、議論は終わっています。

ちなみに、1981年までの木造住宅では、約半数が、「倒壊」や「大破」しており、「耐震改修」は、必ずやる必要があると、実感します。さらに、2000年までの木造住宅でも、若干、「倒壊」や「大破」があり、震度7の地震が2回起こる事の怖さを実感します。

2023（令和5）年3月に、東京都において、この2000年以前に建築された新耐震基準の木造住宅についても耐震化の支援を開始しています。**ようやく、一部自治体で始まりましたが、当然、全国ですべきことで、国の耐震化の基準を改訂すべき時期に来ています。**

■能登半島地震での住宅耐震改修の遅れにより、その反省で、来年度、これに最大50万円の補助上乗せが始まる予定で、その効果は大きい

能登半島地震は、2024年1月1日、元日の16時10分に発生し、震源は石川県珠洲市内で、震源深さ16キロメートル、地震の規模はマグニチュード7・6の内陸直下型地震（断層型地震といえる）でした。輪島市と志賀町で、震度7を観測しています。

令和6年能登半島地震の死者の死因

公表同意者の死因		警察検視の死因1月31日現在	
死因	人数	死因	人数
家屋倒壊	100	圧死	92
土砂災害	8	窒息・呼吸不全	49
津波	1	低体温症・凍死	32
避難所で	1	外傷性ショック等	28
自宅で	1	焼死	3
不明	3	不明他	18
合計	114	合計	222

○ **能登半島地震は、2024年1月1日16時10分に、**石川県鳳珠郡穴水町の北東42kmの珠洲市内で発生した内陸直下型地震。地震の規模は**M7.6**で、輪島市と羽咋郡志賀町で**最大震度7**を観測した。

○ 住宅の倒壊が非常に多く、例えば珠州市の住宅被害は14,770棟で、世帯数を3,000棟以上も超えています。
住宅被害が、大きかったのは、老朽化と2020年以降からの群発地震で、被害を受けていたからと言われています。

○ 死因を見てみますと、土砂災害と津波と焼死もありますが、
家屋倒壊が9割近くになっており、住宅の耐震化が課題です。
2024年12月現在、直接死は、228人、関連死は276人。

元日という事で、帰省で帰ってこられた若い方も、被害に遭われており、また、午後4時ごろで、家で過ごしている方が多く、家屋倒壊で多くの方が亡くなっています。

住宅の倒壊は非常に多く、ほとんど耐震改修がされていない状況で、最もひどい状況の珠洲市では、住宅被害は1万4770棟で、空家が多かったのか、なぜか世帯数を3000棟以上も超えています。ほとんどの住宅が大被害であり、これについては築年数の大きい古い住宅が多くて、老朽化しているのと、2020年以降からの群発地震で、かなりの被害を受けているのに、追い打ちをかけるごとくの巨大地震で、被害が拡大しています。

来年度、住宅耐震改修に最大50万円の補助上乗せを、国土交通省が計画している。

○ 能登半島地震では、相変わらず、木造住宅倒壊で、9割近くの方が亡くなっている。

○ 耐震改修工事が、ほとんどされていない状況を鑑み、国土交通省は、来年度より、住宅耐震改修に最大50万円の補助上乗せを計画している。
元々、**それほど高くない**耐震改修工事に、**50万円の上乗せは、非常に効果が有り、大いに期待できる。**

○ 一向に耐震改修が進んでいない**町家や民家等の伝統的住宅は、**一般住宅に比べて約倍の耐震改修費がかかるので、**これ用の補助制度を設けてほしい。**

この能登半島地震での死者は、２０２４年12月時点で、直接死が２２８人で、関連死が２７６人になり、直接死を超えています。能本地震でも、関連死が非常に多かったのですが、その傾向が続いています。今回は、主要な道路が寸断され、地震後の対応が遅れたことが大きな原因です。避難所などの震災後のこれまでの在り方も問われています。

この死者の死因ですが、２２７人に対してまとめたものはなく、石川県が１月22日までに遺族の公表同意を得た方、死者１１４人に対する死因と、警察が１月31日までに検視した２２２人の死因が公表されていますので、その二つを、まとめました。

その結果、**土砂災害と津波と焼死等もありますが、家屋倒壊による死者が９割近い状況で、相変わらず、住宅の耐震化が大きな課題**

です。

能登半島地震での住宅耐震改修が進んでいない状況を踏まえて、国土交通省では、来年度より、住宅耐震改修に最大50万円の補助上乗せをすることを、来年度予算の概算要求に入れています。

現在、木造住宅耐震改修工事は、全国平均で、工事費は約180万円で、診断・設計等すべてを入れても約230万円であり、これまでの補助金が、100万円程度はある中での50万円は、非常に有効であり効果があります。

現に、私は自営で木造住宅耐震改修の診断と設計等を行っていますが、この50万円補助上乗せの計画が、2024年8月に公表された後、数件の方から、耐震改修工事をやりたいとの依頼が来ています。

「津波対策の高知県で、ほぼ費用の掛からない耐震改修を開発」で述べたように、補助率は、高知県では10割補助であり、この事例を受けてより、兵庫県の西宮市等では、近年、8割補助まで上がってきている事や、安価な工法が、全国的に普及しだした事も耐震化を後押ししています。

耐震改修の補助制度は、自治体ごとに違うのですが、もっと、国土交通省の指導により、例えば、教育施設でやっていたように、都道府県や市町村の住宅耐震化率を公表して、競わせることも必要

だと思います。

次の**4**で検討するのですが、木造住宅には、町家や民家といった伝統的建築物の住宅があります。戦後に「建築基準法」にそって建てられた一般住宅とは違い、構造上地震での揺れ方が大きく、揺れて持つ住宅です。よって、この住宅には、「限界耐力計算による診断や設計」がふさわしく、工事費なども、一般住宅に比べて倍程度かかります。

京都市や高山市や福井県等では、このような住宅に対して、一般住宅の2倍程度の補助金を付けて、耐震改修を進めています。

こういった町家や民家に対する補助制度を、最大50万円の補助上乗せの時期に合わせて、国土交通省で是非作っていただき、全国的に取り組めるようにしていただきたいと思います。

chapter 4

伝統的木造建築の耐震改修

国宝・重要文化財は63％の耐震化で、他はあまり進んでいない

国宝・重要文化財の耐震化については、少し古い資料になりますが、**令和2年12月に文化庁により公表されました、「国宝・重要文化財建造物の耐震対策現況調査結果の公表について」があります。これによりますと、63・2％の耐震化となっています。**ただし、耐震化の意味は、「耐震対策が完了しているもの」という事で、その内容は「耐震補強を実施したもののほか、耐震診断により耐震性が確認されたもの、立ち入り制限を内容とする対処方針を作成したものであって、基本的に耐震対策が必要ないもの」と、なっています。

これで広い意味での耐震化がなされているといえるのかと思います。

東大寺大仏殿も構造補強している。

・江戸時代に建てられた大仏殿は、明治39年からの大修理で、天井裏にイギリス製の鉄骨トラスを組みこんで補強されている。
・軒裏の斗供に鉄骨の斜材が見られる。

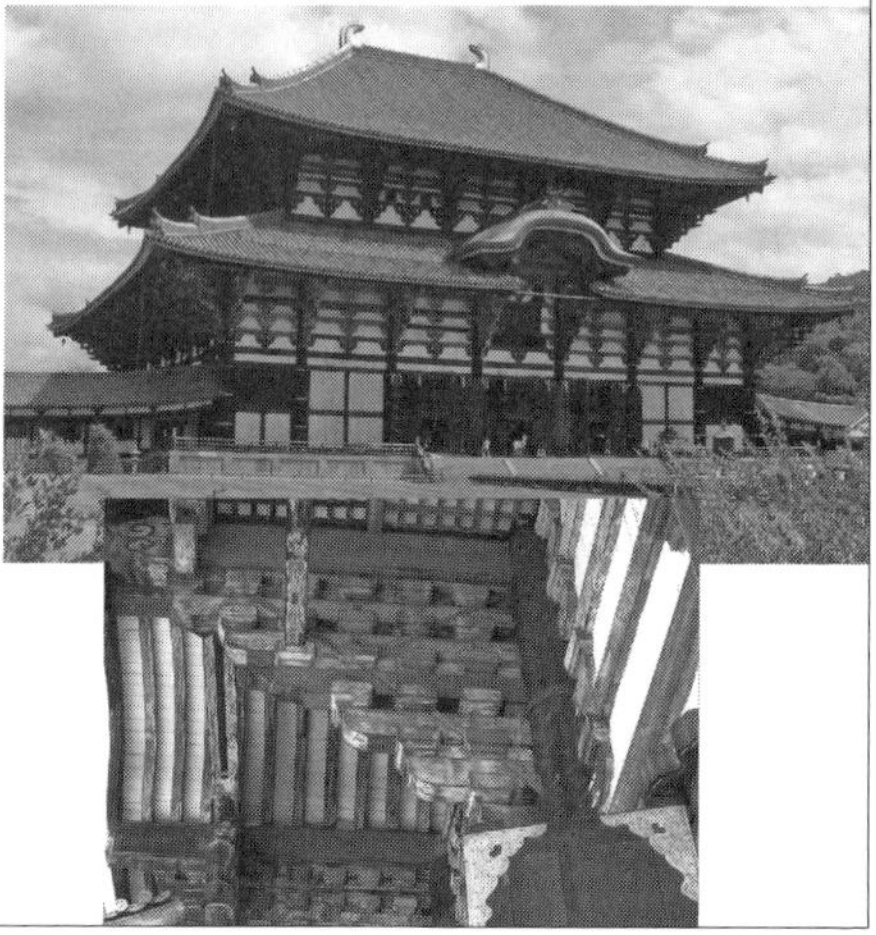

以上のように、国宝や重要文化財建造物といった、伝統的木造建築物の中でも一番重要な建築物でさえ、63・2％しか耐震化が進んでいないのが現状です。

都道府県や市町村指定の文化財建造物や、登録有形文化財建造物や景観重要建築物等々でも、まだ、ほとんど取り組み始めた状況で、耐震化の進捗もありません。さらには、一般の民家や町家、社寺や酒蔵等も、ようやく「耐震改修」が始まりかけたばかりの状況です。

何とか急速に「耐震改修」を取り組んでいける方式を見出していく必要があります。

一方、伝統的木造建築の「耐震改修」は、古く明治時代から取り組まれています。

『地震に強い木造住宅』（元東京大学教授坂本功著　工業調査会）には、全体を通じて、

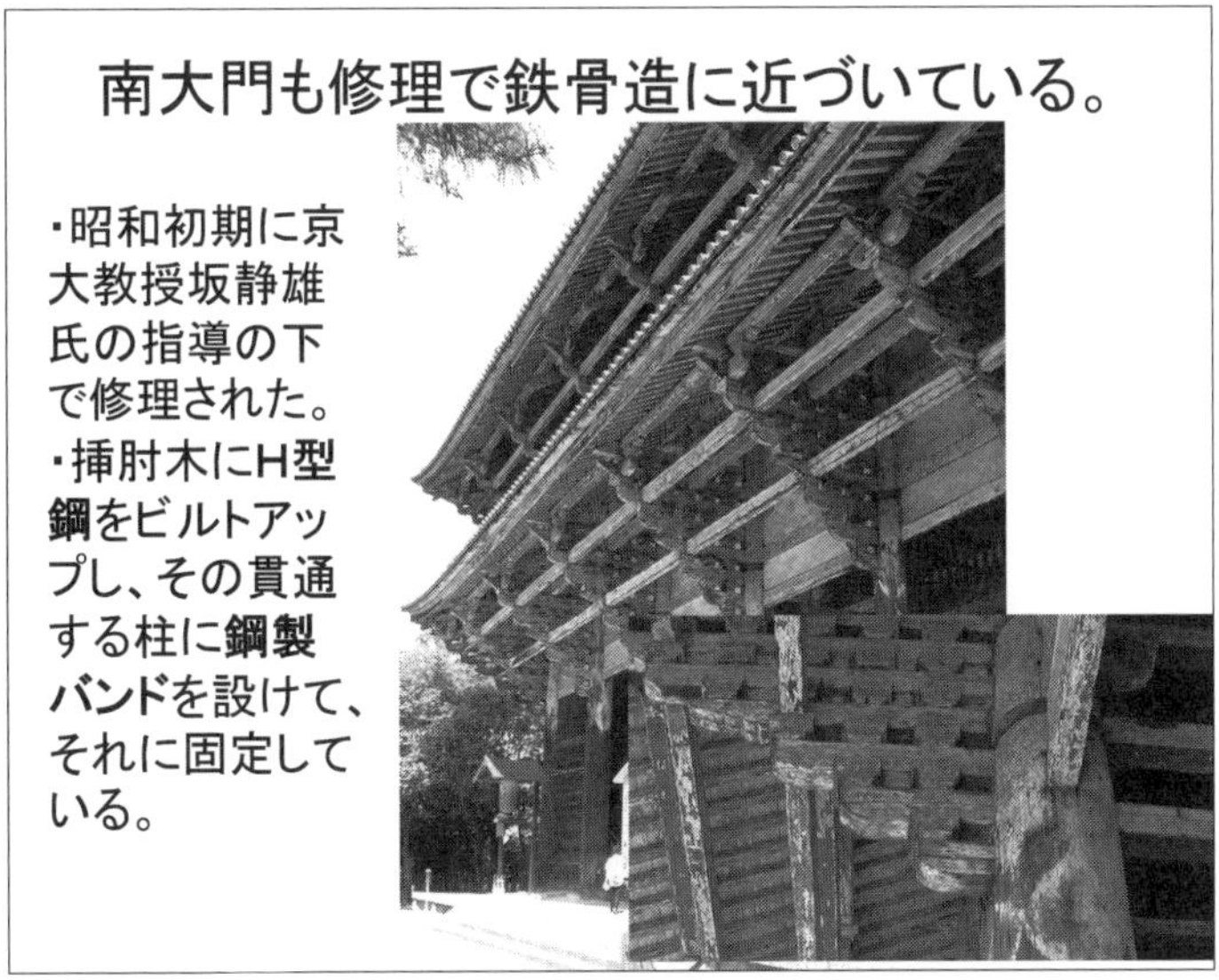

南大門も修理で鉄骨造に近づいている。
・昭和初期に京大教授坂静雄氏の指導の下で修理された。
・挿肘木にH型鋼をビルトアップし、その貫通する柱に鋼製バンドを設けて、それに固定している。

阪神大震災では、新耐震基準の木造住宅は、ほぼ被害なしで耐震性があったことが書かれています。さらにこの本の中には、古くからの危険な木造建築の事が書かれていて、**大規模な伝統的木造建築の解体修理と、その中での「耐震改修」のことが書かれています。**

その内容について以下に要約し、現在の状況を見てみます。

東大寺大仏殿は世界最大の木造建築ですが、現在のものは、江戸時代（１７０５年上棟）に建てられた３代目のものです。その当時すでに、これほど大きな屋根を支える太い柱はなく、今でいう合成柱を使っています。それは、それほど太くない材を芯にして、周りにテーパーの付いた断面を持つ材を寄木して鉄環で巻くものです。

この大仏殿を、明治39年から大修理をしています。その時に天井裏の見えないところの小屋組みに、イギリス製の鉄骨トラスを組み込んで補強をしています。テレビの『ブラタモリ』で見えましたが、かなり大きなものでした。

現在、大仏殿に行って見上げますと、天井裏は見えませんが、大屋根の軒裏の斗供（柱上にあって軒を支える装置としての組み物）において、斜めに少し黒っぽい鉄骨補強材が見えます。斗供の崩れをなくそうと挿入されているようです。

また、**東大寺南大門は、昭和初期に京都大学教授であった坂静雄氏の指導のもとで修理されています。**この修理の時に、挿肘木（柱を貫通して屋根を支える梁の一種）の内、内部に貫通した上下3本を二つに割り、ビルトアップ（幾重にも重ねる事）によるH形鋼（断面がHの形をした鉄骨）を組み込んでいます。さらにその貫通の柱に、柱を締め付ける鋼製バンドを設け、そのバンドにブラケット（腕木）を付けて挿肘木を固定します。

その結果、軒先が下がって崩れ落ちそうになっていたのが修理され、**現在の優美な姿を取り戻したそうです。**

これも現地で小屋組みを見上げますと、少し黒っぽくなったビルトアップのH形鋼の一部が、梁の下端に見えます。

このように大規模な木造建築も、解体修理の際、より耐震的にということで、「耐震改修」がされています。

■伝統的木造建築の「耐震改修」は、見えないところで補強している

東大寺大仏殿や南大門の「耐震補強」は、いわれてみなければ、どこを補強しているかわからないところで補強しています。また、割と少ない「耐震補強」のように思います。

同じような事例は、1200年の歴史を持ち、世界遺産でもある「唐招提寺金堂」（写真9）でも見られます。柱の内倒れや組み物の変形があり、軒先の垂れ下がりを防ぐ補強として、2000年から2009年にかけて、解体修理工事が行われました。

この解体修理における「耐震補強」として、「構造解析技術提案コンペ」が実施されており、特に、文化財建築物ということで、「古い部材には極力加工などで傷をつけることなく、又その構造補強部材は取り外しが可能で、いつでも建物を元の状態に戻すことができる。」という条件がつけられています。

この提案コンペは、竹中工務店案が採用となっています。**内容は、現代技術による構造解析により、新たな補強部材を天井裏に取り付ける方法になっています。**一つは庇天井部に水平トラスを入

写真9. 唐招提寺金堂

れ、さらに棟方向に垂直の屋根トラスを組んで、軒先の荷重を分散させる方法だそうです。同時に軒先の軽量化も図るとのことです。

この金堂は、８世紀末（７８０年代半ば頃）の創建で、解体大修理はこれまで4回行われています。まず13世紀の鎌倉時代（文永７年、１２７０年）と、17世紀の江戸時代（元禄６～７年、１６９３～94年）、19世紀の明治時代（明治32年、１８９９年）、そして、２０００年からとなっています。

江戸時代では、雨漏り対策として、創建当時の屋根高より2・8メートル高め、屋根勾配をきつくして修理を行っています。どっしりとした大屋根は、江戸時代に生まれました。和辻哲郎氏が「古寺巡礼」で天平のデザインと間違って絶賛した、現在の金堂の大屋根と柱のプロ

城も各地で倒れている。

・1586年の地震で、**長浜城**がつぶれ、山内一豊の娘「与禰」が亡くなっている。

・1596年の慶長伏見地震で**伏見城**がつぶれ、城内で数百人が亡くなっている。

・写真の**姫路城**は、2009年からの「平成の大修理」で、耐震補強を行っている。

ポーションは、江戸時代に生まれたものです。また、明治時代の修理では、関野貞氏により西洋トラスを天井裏に入れて修理しています。早急な近代化を目指した明治という時代での革新的な修理でした。もともとの和小屋では、束と梁の垂直と水平部材だけの構成でしたが、西洋トラスでは斜めの部材が入り、トラス状に組まれています。

２０００年からの解体修理では、現代技術により構造補強が行われ、１２００年の歴史的建築物は、最新の技術で、天井裏の見えないところで「耐震改修」が図られています。

堅固なお城は、耐震性があるように思いがちですが、意外と地震に弱いものです。

１５８６年の「天正の飛騨美濃近江地震」により、長浜城がつぶれ、山内一豊の娘「与禰」

が亡くなっています。また、1596年の「慶長伏見地震」では、伏見城がつぶれ、城内の数百人が亡くなっています。

「姫路城天守閣も、建設当初から構造的な欠陥を持っていた。」といわれています。読売新聞の2018（平成30）年10月17日付けの「城郭は今 ③ 姫路城の補強 不断の努力」に、姫路市立城郭研究室の工藤茂博学芸員に聞いたという事で、記事が書かれています。

これによりますと、大天守が完成した1609年から17年目で、大天守の初重の軒下に屋根が落ちないように支える方杖（三角形の部材）を継ぎ足しています。さらに、その30年後には、大天守を支える直径1メートル、長さ25メートルの心柱の根元部分が水気で腐り、一部を削って添え柱を挿入しています。それだけではなく、すでに天守は傾いてきており、地階に36本、4階に3本、5階に2本の柱を追加しています。

その後もほぼ数年に一度のペースで、支柱の追加や屋根の葺き替えなどの補強・修復工事を行っています。これらの工事履歴については、「昭和の大修理」（1956～64年）の解体修理で、年号が墨書きされた部材が見つかったことから明らかになりました。こまめに手入れをして、受け継がれてきた城でした。

「昭和の大修理」は、天守の傾きの根本原因である地盤沈下を直すため、地下の盛土を礎石と共

に撤去し、鉄筋コンクリートの基礎を設けました。さらには、金属による補強も行い、解体前まで天守内部に林立していた支え棒や筋違を撤去しました。近代的な最新工法を使って「耐震改修」をしています。

「平成の大修理」（２００９～15年）では、葺き土を減らしつつ「瓦屋根の全面葺き替え」と「屋根、壁、軒裏の漆喰塗り替え」がメインの工事でしたが、「床、建具、軸組、芯木等の補修」と、「柱と床の耐震補強」として、1階と6階の柱および1階床部分の「耐震改修」を行っています。

■寺院の塔は地震で倒れたことがなく、酒蔵は特に地震で倒れやすく耐震改修を

伝統的木造建築の寺院の塔については、唯一、地震で倒れた記録がなく、地震に対して、しなやかに揺れながら、いつも持ちこたえています。

これについては、塔の中心に「心柱」という太い柱を地中から上部まで1本で通し、周りの柱等の軸組とは上部でつなぐのみで、別々に揺れるようにして、地震力を弱めて倒れないようにしているからです。この原理を応用して、高さ約６３４メートルの東京スカイツリーでは、「心柱」を鉄筋コンクリート造として、周りの鉄骨構造とは別に揺れるようにして地震力を弱めて、細高い東京スカイツリーを実現しています。

台風で倒れた四天王寺五重塔

・唯一、塔のみが地震で倒れていない。

・しかし、四天王寺五重塔は、昭和9年の**室戸台風で倒壊**し、その下敷きで10名が亡くなっている。

・写真は、鉄筋コンクリート造で再建された現在の四天王寺五重塔。

ところが塔は、一方からの強い力のかかる台風では、持ちこたえることができず、倒れています。

写真は、大阪市天王寺区の四天王寺五重塔で、１９３４（昭和９）年９月21日の室戸台風で倒壊し、中に多くの方が居られ、10名の方が亡くなっています。その後、１９４０（昭和15）年に木造で再建されましたが、１９４５（昭和20）年の大阪大空襲で焼失し、１９５９（昭和34）年に鉄筋コンクリート造で再建されています。

室戸台風は、最大瞬間風速６０ｍ／ｓという強風で、４メートルを超える高潮になり、大阪湾一帯の溺死者が１９００名以上、大阪市内の木造校舎がことごとく倒壊や大破し、職員や児童等、２６７名が亡くなり、全体では約３０００名の死者、行方不明者を出しています。その他、神社仏閣も多数、全半壊しています。

寺院の塔については、地震に対して倒れた記録がないごとく、非常に上手く、構造的にできています。ところが、台風では、一方向から非常に強い力の風が、継続して吹き付け、耐え切れずに、倒れています。

塔については、以上のような性質がありますが、**その他の建物でも、横からの力として、地震力と、風圧力があり、共に、検討する必要があります。**ただ、都心の住宅等については、周りに住戸等があり、風圧力が低減されて、風圧力が地震力を上回ることが少なく、特に、一般木造軸組住宅の耐震診断では省略されています。

阪神大震災において、神戸の酒蔵50棟の内、連棟の2棟を残して、他は全て倒れた（本書52ページ）と書いています。それは、神戸の海岸沿いの震度7の地区にあり、極端ではありますが、**酒蔵や醤油蔵等は、生産施設のため、周囲にしか耐震性のある壁がなく、内部の軸組も簡素で、非常に耐震性の低い施設です。**

この耐震性の低い酒蔵を「耐震改修」した事例が、神戸都心から東北東に約20キロメートルの兵庫県伊丹市に2例がありますので、紹介します。伊丹は、江戸時代にはもとの有岡城の町屋地区を中心に、酒造の街「伊丹郷町」として発展しました。

写真10. 旧岡田家住宅・酒蔵の鉄骨フレームを設けた耐震補強状況

その「伊丹郷町」のうち伊丹村の中心部にあった「旧岡田家住宅（・酒蔵）」が残っており、阪神大震災で被災し、その災害復旧工事で、「耐震改修」が、行われています。**（写真10）**

「旧岡田家住宅」は、1674年築の町屋で、住宅から店舗に改装され、北に酒蔵が1715年に増築されています。築年代が確実な現存する酒蔵として日本最古で、洗い場・釜屋・店舗と共に一連の構えを残している点で価値が高く、1992（平成4）年に**国の重要文化財になっています。**

阪神大震災では、店舗の屋根が崩落し大きく西側へ傾く等大きな被害を受けています。これを受け、1995年より、解体調査・復元工事が行われ、1999年3月に完了しています。

現在は、「みやのまえ文化の郷」（文化ゾーンの愛称）で、2022年4月より「市立伊丹ミュー

写真11. 長寿蔵の壁を二重壁とし木造軸組みを内部に追加した耐震補強状況

ジアム」となり、その中核施設の一つとして一般公開されています。

この復元工事の中で、酒蔵の「耐震改修工事」が行われています。「旧岡田家住宅保存修理工事報告書」によると、酒蔵は、東西約15メートル、南北約16メートルの四角い平面で、建物の外周は土壁であり、これに構造用合板により補強する案もありますが次の2点で問題がありました。一つは、土壁は意匠上重要で残したい。二つに2階部分がセットバックしており、2階の外周壁の力が1階にうまく伝わらない。

以上の理由により、**1階外周壁での補強を諦め、内部補強の鉄骨フレームを設けることにしています。**具体的には、4本の厚19ミリメートル、30センチ角の柱を建て、梁はH形鋼を天井下と天井裏に設けて、棟木（むなぎ、屋根の頂部に用いられる水平部材）を支えています。

もう一つの酒蔵「長寿蔵」（写真11）は、上記酒蔵の1町（約110メートル）南にあります。

現在は、小西酒造本社の経営するレストラン兼展示施設となっています。

「長寿蔵」については、平成12年3月に伊丹市教育委員会発行の『伊丹の歴史的建造物』に掲載されていますので、引用させていただきます。それによると、軸組の状況から、明治の頃に、他の建物や蔵より部材を再利用して建てられたと考えられるとのことです。建物は3連の酒蔵で、梁行6間の建物2棟の間を梁行5間の建物で繋いだ建物で、梁間33・5メートル、桁行23・8メートルの長方形の建物です。現在、2階建ての建物になっていますが、当初の状況はわからないとのことです。

もともと、わずかに西南にあったものを、1990（平成2）年に曳家をしています。阪神大震災時は、工事中で震災被害も修復して、1995（平成7）年6月に竣工しています。

「耐震改修」工事の内容は、主として、外壁や境界の壁を二重壁として、その中に木造柱を増やして耐震壁とし、木造で補強しています。よって、ほとんど元の土壁が見えない意匠で、柱と屋根下の小屋組みが力強い意匠になっています。

この建物については、現在、小西酒造経営の施設で、1階がレストランに2階が酒造りの展示施設になっています。特に文化財の指定はありませんが、「伊丹郷町」の貴重な酒蔵がレストランとして活用されながら残されていることは貴重だと評価されています。

以上、二つの酒蔵の「耐震補強」を見てきましたが、かなりの補強がされており、全国の酒蔵の耐震診断と「耐震改修」が急がれます。

■2002年に伝統的木造建築に対する簡便な耐震設計法の「限界耐力計算による耐震設計法」の技術開発があった

阪神大震災後に、耐震改修に対して二つの大きな技術開発がありました。

その一つが、伝統的木造建築に対する簡便な耐震設計法となる「限界耐力計算による耐震設計法」が、開発されたことです。2002（平成14）年に、京都大学の鈴木祥之教授が中心となり、一般社団法人日本建築構造技術者協会関西支部会員等のメンバーで開発されています。

一般木造軸組住宅は、硬い建築で、あまり揺れることなく、じっと耐え、崩壊する場合は一気に崩壊する性質ですが、伝統的木造建築は、柔らかい建築で、少し潰れつつ、大きく揺れながら持ちこたえる高い変形性能を持っています。この高い変形性能を生かす設計法で、地震時に、どこまで各層の変形があるかを求めて、耐震性能を評価する設計法です。さらには、伝統的木造建築で見られる石場建て（礎石上に直接柱を設置し、柱脚の移動を水平方向・上下方向とも拘束しない仕様の

2002年に伝統的木造建築に対する簡便な耐震設計法の**「限界耐力計算による耐震設計法」の技術開発**があった。

伝統的木造建築に対する簡便な耐震設計法の開発

- **2002年(平成14年)、伝統的木造建築に対する**簡便な耐震設計法の**「限界耐力計算による耐震設計法」**が、京都大学鈴木祥之教授中心に、(社)日本建築構造技術者協会関西支部会員等のメンバーにより、**開発された。**
- これまでは、「伝統的木造建築の耐震設計」は、大学の建築構造の先生方が行っていたが、以後は、一般建築構造技術者等でできるようになり、すでに取り組まれている。
- ようやく**「伝統的木造建築の耐震設計」が、広くできるようになったが、**これに対する国の補助制度が不十分で、民家や町家や酒蔵等や社寺等の**伝統的木造建築の耐震改修は非常に遅れている。**

こと）を許容する設計法です。

これまでは、伝統的木造建築の耐震設計については、大学の建築構造の先生方が、取り組まれていたのですが、ようやく、これにより、簡便な方法で、一般建築構造技術者等でできるようになり、あらゆるところで取り組めるようになりました。さらには、建築基準法上は建てられなかった新築の伝統的木造建築が、この耐震設計法により、建てられるようになりました。

まだ、開発されて20年程度の設計法で、初期のものは、単純でしたが次第に精緻になり、2013年に一般社団法人日本建築学会より、『限界耐力計算による伝統的木造建築物構造計算指針・同解説』が出版され、2019年には、伝統的構法木造建築物設計マニュアル編集委員会より、『伝統的構法のための木造耐震設計法（石場建てを含む木造建築物の耐震設計・耐震補強マニュアル）』が出版されて、この耐震設計法がようやく、広く使われていくようになっています。

ただし、伝統的木造建築の耐震改修に対する国の補助制度は不十分で、耐震改修はまだこれからの状況で、ほとんど進んでいない状況です。

■1991年に「日本の地盤液状化履歴図」、2005年に日本全国の「地盤状況公開」の技術開発があった

もう一つの**技術開発「液状化履歴図」や「地盤状況公開」については、地震地盤工学者の若松加寿江先生のご努力によるもので、**その経緯については、公益社団法人日本建築士会連合会の機関冊子『建築士』２０２１年6月号の「この人に聞く」に詳しく載っており、これを引用させていただきます。

若松先生は、早稲田大学建築構造系大学院初の女子学生で、１９７２年に大学院を卒業し、その当時、女性という事で一般社会での研究職の就職先がなく、指導教授の個人助手として1年、その後は、研究室に残り非常勤講師をしたりしながら29歳から57歳まで無給で研究を続けられました。その間に工学博士になられ、60歳で関東学院大学理工学部の教授になられています。これまでの新しい分野を切り開かれたご功績に対して、日本地震工学会から功績賞や、文部科学大臣表彰の科学

1991年に「日本の地盤液状化履歴図」、2005年に日本全国の「地盤状況公開」の技術開発があった。

・地震地盤工学者の**若松加寿江先生のご努力により以下を開発。**
1）液状化は同じ場所で繰り返されることを発見し、**1991年に「日本の地盤液状化履歴図」**、2011年に改訂版を発刊。
2）「地形分類」を地盤工学に導入され、**2005年に**1kmメッシュの**「日本の地形・地盤デジタルマップ」**を公開。
それを250mメッシュにして、
2009年から防災科学技術研究所の「地震ハザードステーションJ-SHIS」で「表層地盤増幅率その他」等が公開になる。
・上記により、地震の液状化対策に貢献、また、特に、「表層地盤増幅率」等が耐震診断に貢献、更には、「全国地震動予測地図」作成の基盤となっています。

技術賞を受賞されています。

研究内容は、関東大震災の液状化発生に関する文献調査が発端で、液状化発生地点の探求として、文献にて液状化履歴調査を根気よく続けられ、東日本大震災まで「液状化は同じ場所では起きない」といわれていたのを覆し、**「液状化は同じ場所で繰り返される」ことを発見されています。**その履歴調査の成果として、1991（平成3）年に**『日本の地盤液状化履歴図』を出版**され、これにより「土木学会出版文化賞」を取られています。その続きとして、2011（平成23）年に『日本の液状化履歴マップ745‐2008』を解説本＋DVDの形で出版して、建設・防災・土地の安全性診断など多方面で活用され、「液状化の安全対策」に大きく貢献されています。

研究内容のもう一つは、これまで地理学の手法であった「地形分類」を「地盤工学」に導入したことです。

「地形分類」を少し変化させれば、「地盤分類」になると考え、「地形・地盤分類」の分類基準を提案、この概念を1キロメートルメッシュのデータベースとし、日本全土に展開しました。それを、**2005（平成17）年に若松加寿江ほか著で『日本の地形・地盤デジタルマップ』として公開しています。**

さらに、より細かい方が良いとの要望を受け、**250メートルメッシュとし、現在、「地形・地盤分類250mメッシュマップ」として、2009年より防災科学技術研究所の「地震ハザードステーションJ-SHIS」で公開されています。**この250メートルメッシュのデータは、震度6強以上の地震が発生する確率等を示す「全国地震動予測地図」の作成に利用されています。さらには、表層の地盤が固いか、柔らかいのかで地表の揺れの強さは大きく異なることを出した「表層地盤増幅率」の推定に利用されています。

その成果として、「J-SHIS Map 防災科研」に全国の「地震動予測地図」と「表層地盤増幅率」は載っており、特に、「表層地盤増幅率」は、近年開発された「限界耐力計算による耐震設計法」においていて、その建つ場所の第一種地盤から第三種地盤の見極めに使われていて、**なくてはならないものになっています。**

このJ-SHISの「表層地盤増幅率」はすごいもので、誰でも見ることができるもので、この本をお読みの方も一度、インターネットで見ていただければと思います。

まず、「J-SHIS」で検索しますと、↓「J-SHIS Map 防災科研」をクリック↓「地震動予測地図」が出てきます。（これも興味深いもので、太平洋沿岸部の平野部で特に危険なことがわかります。また詳しく見ていただければと思います。）

図面の上部の欄の「表層地盤」をクリック↓山部分が青で平野部が橙色の「表層地盤増幅率」の図が出てきます。自分の住所で見てみたいと思いますので、地図を拡大しながら自分の住所を図面の中央にしてください。その上で、地域指定して左上のところに、住所を記入して、「場所を検索」をクリック↓左下に「検索結果」のところの「入れた住所」をダブルクリック↓地図上に「青丸」が出てきて、それは指定した住所です。地図を最大に拡大すると、250メートルメッシュに区切られていて、「青丸」のある所を、ダブルクリックを何回かすると↓左下に「地点情報―表層地盤」の表が出て、地盤増幅率のところの数字が、増幅率です。また、図面における増幅率は色により分けられていて、右下に色分けで書かれています。

この「表層地盤増幅率」は、地震に対する地盤の弱さを示すもので、いわば地震の力を割り増しする係数で、**数値が大きいほど地盤は弱く、揺れは大きくなります。**この評価ですが、一般に「1・5」を超えれば要注意で、「2・0」以上の場合は、強い揺れへの備えが必要になります。「**1・6**」

以上は、軟弱地盤といわれています。

以上のごとく、10数年前より、日本全国の地盤の状況がわかるようになっています。2010年の国勢調査に基づいた「防災科学研究所」の分析によれば、増幅率2・0以上の「特に揺れやすい」地域に、約2200万人、1・6以上2・0未満の「揺れやすい」地域に約1700万人、1・4以上1・6未満の「場所によっては揺れやすい」地域にも約2200万人が居住しています。増幅率1・6以上の軟弱地盤は、全国土面積の6％に過ぎないですが、関東、大阪、濃尾、福岡など人口密度の高い平野部に集中しており、大都市部の過密地域では住民の半数以上が軟弱な地盤で生活しているとのことです。こんな非常に良くない状況が、わかってきています。

ただし、**現在の木造住宅の耐震診断基準では、上記のような軟弱地盤上でも、特に液状化等の地盤の動きが無ければ、建物が倒壊しない状況を目指す耐震基準になっています。**

もう少し、「表層地盤増幅率」を見てみますと、**関東平野の「関東大震災」で焼けたところは、**皇居の東側から東に亀戸駅の手前までで、北は南千住駅の手前まで、南は海までの範囲で、**増幅率は、ほぼ1・6以上の軟弱地盤で、多くの建物が倒壊したことによる**といわれています。

写真12. 大徳寺方丈の解体修理現場

伝統的木造建築は、地盤の良い所ではかなりの耐震性がある

これは、京都の国宝大徳寺方丈の解体修理現場の見学会時のものです（写真12）。京都府内における国宝・重要文化財建造物の保存修理は，文化財所有者からの委託を受けて、京都府教育委員会が実施しています。そして、京都府文化財保護課には、設計監理を行う職員と、伝統的な木工・建具技術を持つ職員が所属していて、ある程度直営工事で行っていて、１８９７（明治30）年の「古社寺保存法」制定以来、一世紀以上続いているとのことです。

この方丈の修理現場の見学会があり、２０２２年11月６日に見学させていただきました。その時に、文化財保護課の現場説明の職員

写真13. 東大寺二月堂

に、「この建物はどこを耐震改修されたのか。」とお聞きすると、「この建物は平屋で、地盤が良いので、何も耐震改修はしない。」とのことです。さらに、「京都市内では、南は東寺までは、地盤が良いので、平屋であれば、ほぼ耐震改修なしで良い。」とのことでした。

2階建ての京町家等では、耐震改修は必要ですが、**市内の大部分のお寺は、比較的地盤の良い所に建っていて、平屋建てであれば、ほぼ、耐震改修が不要とのことです。**表層地盤増幅率で見てみますと、1.2～1.4で、確かに軟弱地盤ではない土地ですが、かといって非常に良い土地でもないと思います。

一方、奈良はどうでしょうか。一般社団法人日本建築協会の機関誌『建築と社会』2023年9月号の「構造のページ」に、「**お**

水取り〈修二会〉」で有名な国宝「東大寺二月堂」（写真13）の耐震診断をされたことが掲載されています。

書かれたのは、竹中工務店の中条貴大《たかひろ》氏で、地質調査も行い、斜面地に平屋で建つ建物について、限界耐力計算により、耐震診断を行っています。その結果は、大地震動時に大きな変形が生じるが倒壊しない層間変傾角（各階の地震力によって建物が横に変形する変形量と階高さに対する割合のこと）30分の1以下となり、**安全であることを確認したとのことです。**

これも表層地盤増幅率で見てみると、二月堂の建設地は、0・8以下の最も固い地盤で、揺れにくい地盤であることがわかります。ちなみに、東大寺大仏殿や興福寺の地盤も、0・8～1・0の固い地盤で揺れにくい地盤です。

伝統的木造住宅の耐震改修事例

これは、和歌山県がまとめられた耐震改修事例集に載っていたもので、典型的な平屋の伝統的木造住宅の耐震改修事例です。

1960（昭和35）年建設で、平屋建ての延べ面積118・7平方メートルの古民家で、「**限界耐力計算による耐震設計法」で、耐震診断と耐震改修設計が行われています。**設計者のコメントとして、「梁間方向、桁行方向共に、連続した開口部がつづき、耐力壁が不足しているのが弱点でした。

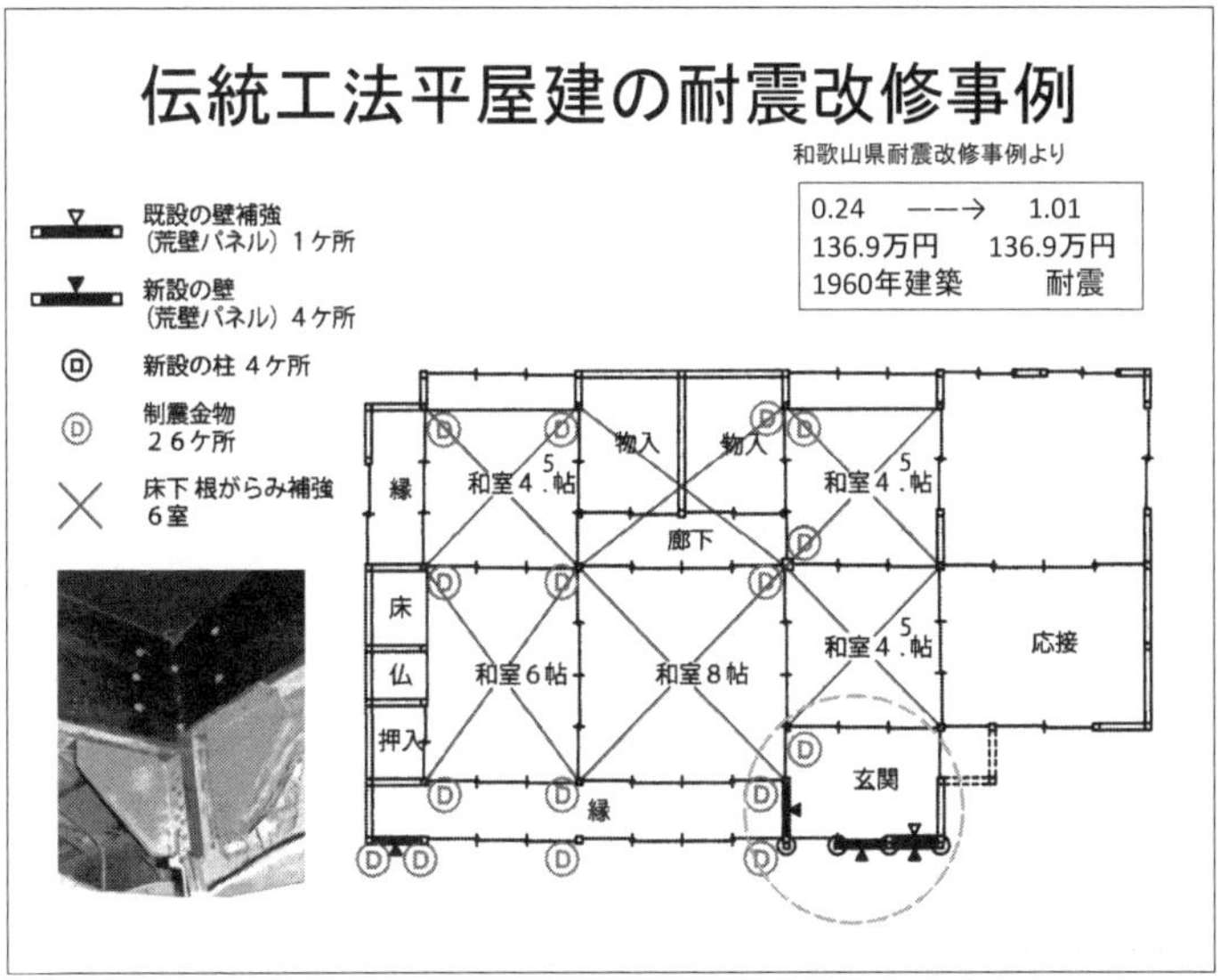

これらを改善するために制震金物（地震による揺れを抑制するための金物）を、上下に26箇所設置しました。また玄関廻りに4本の柱を新設、荒壁パネル（パネル化により施工性の向上や品質の安定化を図った現代版の土壁下地）で補強しました。床下の足固め（建物の柱と柱を繋ぐ横架材のこと）が十分でないので、根がらみを主要な部屋に設けました」。【（ ）内は筆者による】と書かれています。

この補強により、評点が、0・24から1・01になり、大地震でも倒れなくなっています。工事費は、136・9万円ですが、古い事例ですので、少し値上がりしていると思います。

以上がこの住宅の耐震改修の結果ですが、この建物は、昭和35年の建設で、現代的な間取りとなっていて、かなり建物周囲に土壁が

あります。土壁は耐震壁になるのですが、両妻側にかなりの土壁と、玄関の反対側の物入に大きな土壁があり、玄関側のみに土壁が少なくなっています。よって、玄関のところでのみ、土壁を増設することで、耐震改修になっていて、全体としても、比較的少ない耐震改修工事で済んでいます。

この**T家住宅主屋は、阪神間にある大庄屋で、江戸時代後期建築（明治20年頃改築）で、木造厨子（つし）２階建ての専用住宅です。**つし２階建てとは、江戸時代に、武士を２階から見下ろしてはならないと、写真のごとく低い天井とし、屋根裏部屋にしたものです。ここは、使用人の部屋とか、物置に使われました。

主屋の延べ面積は２６９・69平方メートル

で、他に蔵や増築の離れ等があり、住宅全体面積は、約340平方メートルです。

阪神大震災では、柱が1本折れる等かなりの被害がありましたが、すでに改修工事を十分に行い、2元の姿に戻っていました。この改修工事の中で、施主がアメリカで暮らされていたこともあり、2階において軸組を生かした洋室にしたり、吹き抜けのある土間に床を張られたりして、部分的に和風モダンなしつらえにリフォームされていました。

この耐震改修工事の設計と工事監理業務は、兵庫県で早くから取り組まれたヘリテージマネージャーを中心に生まれた「NPO法人阪神文化財建造物研究会」が取り組まれています。2016（平成28）年に、耐震診断耐震改修設計を行い、2017（平成29）年の9月から3カ月間で、工事を完成しています。工事費は約685万円でした。

耐震診断耐震設計方法は、「限界耐力計算による診断設計法」で行っています。地盤については、一種地盤と二種地盤の中間でしたが、かなり地盤が悪いとされる二種地盤としています。

診断の結果は、非常に厳しい結果が出ています。現況として「安全限界」の「応答変形角」が、X方向（東西・桁行方向）で、「条件付き安全ゾーン」と言われる30分の1〜15分の1の中で、最低の15分の1より、更にかなり大きく傾き、非常に悪く出ています。一方、Y方向（南北・梁間方向）は、X方向ほどではないとしても、15分の1より少し傾く程度ですが、安全ゾーンに入っていません。

具体的な補強方法

- 登録有形文化財なので、外観変更が無いよう建物内部で行う。
- 新設軸組による**2重壁化**や「木軸ボード壁」を変えて「**落とし込み板壁**」を設置。
- 「**耐震リング**」30個の設置。
- 既設壁の柱や梁を増設し、**既設壁の耐震化**を図る。

この厳しい設計条件の中で、工事費用のこともあり、とにかく、「条件付き安全ゾーン」に入るよう取り組まれています。その結果、X方向は、何とか「安全ゾーン」に入った程度であり、Y方向は、それより少しマシ程度といった厳しい結果となっています。

この「条件付き安全ゾーン」の条件として、各種検討項目は、「通し柱（大黒柱）曲げ耐力の検討」「小壁付き柱の折損による軸力支持の検討」「ゾーニングによる検討」、更には「柱の浮き上がりに対する検討」により、半間の「落とし込み板壁」の耐力低減等を行っています。

耐震改修設計工事の内容ですが、国登録有形文化財なので、外観変更がないよう、建物内部で行っています。また、最も耐力の必要な2階の直下部分で、重点的に行っています。

具体的な補強方法としては、元の軸組は全て残して、**既設土壁の内側に新設軸組を設置し「落とし込み板壁」を設ける「2重壁方式」と、土壁の無い合板壁部分を「落とし込み板壁」に変更する方式を基本としています。**

できるだけ、現状の和室の雰囲気を残すため、**中央付近の4・5帖の和室を2重壁化で「落とし込み板壁」で囲み**、洋室化にしたり、ほとんどの中心付近の**押入にて、「落とし込み板壁」**を設けています。これらにより、以前からの和室の雰囲気は、よく残されています。

その他の補強として、部分的に柱や梁の無い土壁部分に、柱や梁を増設し、**「既設土壁の耐震壁化」**も行っています。また、揺れを抑える**「耐震リング30個」**を床下に設けています。更には、床下の**「根がらみ」**は、地震後の改修時に、すでに床下全面に設けられていましたので、耐震改修工事としては、新設軸組の柱に設けています。

なお、この工事には、補助金は、一般住宅と同じ補助で、設計費に20万円、工事費に110万円が出ています。

今回、和室4・5帖と押入れ等をうまく活用して、残す部分と、改修する部分をうまく分け、改修する部分では、例えば、吹き抜けのある土間に床を張ったところは、居間として和モダンの良さを出されています。

地盤が良くなく、こういった工事を行ってもなお最低基準の耐震改修になっていますが、民家の良さを出した改修事例の一つではないかと思います。

■阪神大震災後に「一般人の文化財保存活用」と「歴史を生かしたまちづくり」が起こる

明治政府ができた1868（明治元）年に、神道の強化のため、仏教による国民負担の軽減策として、「神仏分離令」が布告されました。これにより、仏教色を廃する「廃仏毀釈」運動が起こって、地域により差はあるものの、寺院や塔が二束三文で売られていきます。

これに対し、「神仏分離が廃仏毀釈を意味するものではない」という気運も高まりました。その一環として、1871（明治4）年に**「古器旧物保存方」**を布告し、廃仏毀釈によって破壊された文化遺産の調査を始めています。これが、最終的に「文化財保護法」のもとになる最初の法律です。

その後、これは、**1897（明治30）年に、「古社寺保存法」となり、さらに1929（昭和4）年に「国宝保存法」となって、1950（昭和25）年の「文化財保護法」制定に引き継がれています。**

「文化財保護法」は、文化財の保存・活用と、国民の文化的向上を目的とする法律です。国や都道府県知事や市町村長が、文化財を指定、選択、選定、認定あるいは登録して、保護のための経費の一部を公費負担するもので、主として、保存のための法律でした。

1966（昭和41）年に、鶴岡八幡宮裏山の宅地造成計画への反対運動を契機として、「古都保存法」

阪神大震災後に「一般人の文化財保存活用」と「歴史を生かしたまちづくり」が起こる。

・1950年（昭和25年）「文化財保護法」制定
（前法・「国宝保存法」1929年（昭和4年）前々法・「古社寺保存法」
・1966年（昭和41年）「古都保存法」制定
・1975年（昭和50年）「伝統的建造物群保存地区」文化財保護法改訂で
・1995年（平成7年）阪神大震災
1）広く、一般人の文化財保存活用への参加・参入
・1996年（平成8年）**「登録有形文化財」**文化財保護法改訂で
・2001年（平成13年）**「ヘリテージマネージャー」**兵庫県で育成開始
・2019年（令和元年）**「保存だけでなく活用も」**文化財保護法改訂で
2）歴史を生かしたまちづくりへ
・2004年（平成16年）**「景観法」**制定
・2008年（平成20年）**「歴史まちづくり法」**制定

正式名称「古都における歴史的風土の保存に関する特別措置法」が制定されています。歴史的風土地区の指定、地区内の開発規制、その土地の所有者への補償について規定した法律です。対象市町は、京都市、奈良市、天理市、橿原市、桜井市、鎌倉市、逗子市、大津市、斑鳩町、明日香村の8市1町1村が対象になっています。

1975（昭和50）年に、宮崎県日南市長が飫肥地区の町並みや飫肥城の復元のため、大規模な運動をされたのを契機として、**「伝統的建造物群保存地区」の制度が、「文化財保護法」の改定によりできました。**これまで、建物単体でしか保存できなかった歴史的建造物を、面的な広がりのある空間として保存するための制度として画期的でした。2024年

5月時点で、106市町村129地区が指定されています。

以上が、1995（平成7）年の阪神大震災以前の文化財についての状況ですが、以後は二つの点で文化財を取り巻く状況が大きく進展しています。

一つは、これまでは、文化財関係の専門家がとにかく保存に努めていましたが、「広く、一般の方々が文化財保存活用に参加」していただけるようになってきています。

1996（平成8）年に、「登録有形文化財」制度を、「文化財保護法」の改定により創設しました。これは、これまで、「指定」しかなかったものを、国への「登録」ということで、緩やかに保存していく制度で、その分、補助はほとんどない制度です。多くの民間施設が、応募されており、2024年6月時点では、総数1万4035件になっています。

2001（平成13）年に「ヘリテージマネージャー」養成研修が全国で初めて兵庫県で実施されました。ヘリテージマネージャーは、「地域に眠る歴史的文化遺産を発見し、保存し、活用し、まちづくりに生かす能力を持った人材」と定義されています。これまでは、大学の先生や、関連政府機関の方々などが担当されていましたが、この研修を受けた建築士の方々で担おうとするものです。なお、最近では建築士以外でも、受講可能となっています。各県で取り組まれてきており、2012（平成24）年には、全国ヘリテージマネージャーネットワーク協議会ができ、全都道府県で取り組まれるようになりつつあります。

2019（令和元）年には、「保存だけでなく活用も」の「文化財保護法」改訂があり、活用しながら保存していく方向に向かっています。

二つには、**「歴史を生かしたまちづくりへ」の取り組みとして、これまでの「文化庁」を中心としたものから、国土交通省関連での取り組みも加わるように、なってきています。**

2004（平成16）年に、「景観法」を制定し、これまでの無秩序な開発から、伝統と風格と調和のある街並みづくりに向けて取り組むようになりました。制定前には、すでに一部自治体で景観条例が定められており、それに法的根拠を与えるものとなっています。

内容としては、県や市町村の「景観行政団体」を定め、「景観計画」を策定して、「景観地区」を定めて「景観協定」を締結して、景観の向上を図るものです。他に、「景観重要建造物」を定めて、維持保全を図っており、これが「文化財建造物」と重なる場合が多くあり、協力して維持保全していく必要があります。

2008（平成20）年に「歴史まちづくり法」正式名称「地域における歴史的風致の維持及び向上に関する法律」が制定されました。これまで「文化財保護法」「景観法」、「古都保存法」等の法律がありましたが、これらは文化財の保護や土地利用規制が主眼で、歴史的な建造物の復元や、文化財の周辺環境の整備等には必ずしも十分対応できていなかった事により設けられました。

市町村が作成する「歴史的風致維持向上計画」に基づき、歴史的風致を後世に継承するまちづくりを国が支援するために制定しています。文部科学省（文化庁）、農林水産省、国土交通省共管の法律です。

以上見てきたごとく、伝統的木造建築の維持保全、特に「耐震改修」については、広く多様な制度ができてきていますが、ようやく始まったばかりで、「耐震改修」の取り組みは、まだ不十分なままになっています。

■ヨーロッパでは茅葺民家などは最先端住宅

ヨーロッパでは古い木造の民家や町家はどうしているのでしょうか。

かつてイギリスのロンドンでは、木造家屋で街ができていました。しかし、1666年9月1日にロンドン大火があり、パン屋の失火で燃え広がった火が4日間にわたり燃え続け、ロンドン市内の85％、1万3200戸を焼失しました。この結果1667年に「再建法」が制定され、それまでの木造家屋を全面禁止し、家屋はすべて火災に強いレンガ造または石造と指定されました。また、道路の幅員も規定されて、今日のロンドンの骨格が生み出されています。

この事例のごとく都市にあった木造家屋（町家）は、多くは大火を防ぐため石造やレンガ造とな

ヨーロッパでは**茅葺民家は最先端住宅**

- 都市の木造家屋は、大火等による建物不燃化で無くなっている。
- 田舎には、**多くの茅葺民家が残っている。**
  オランダに約10万棟
  デンマークに約7万棟等
- 伝統に則った住宅に住むことが**ステータスシンボル**
- 写真上は、北ドイツの茅葺民家、下は、イギリスのロンドン郊外の茅葺住宅

り、ほぼなくなっています。

一方、田舎には、民家の多くが残っています。

例えば、日本の茅葺民家とそっくりな民家がヨーロッパにもあります。上部写真は、北ドイツで見つけた茅葺民家です。本当にそっくりで、まったく違う文明間でも、人間の営みは同じような素材を使えばよく似るものだと感心します。下部写真も茅葺住宅で、イギリスのロンドン郊外で見かけました。

このように、古い民家のうち茅葺民家に限っても、ヨーロッパでは各地でみられ、地震や台風がないということもありますが、古くからのものを現在も美しく手入れしながら住み続けています。**オランダに約10万棟、デンマークに約7万棟等々、本当に多く残っており、古い住宅を潰すことなく住み継がれています。**

茅葺きの茅の意味は、こういう名前の植物があるのではなく、屋根材にする植物の総称のことです。日本ではヨシ、ススキ、竹、麦わら、稲わらなど、ヨーロッパでは麦わら、ヨシなどが使われています。

文化財建造物修復技術者の日塔和彦氏の調査によると、**ヨーロッパでは、現在も多くの茅葺民家を維持発展させるために、茅葺職人の養成研修を行っているそうです。**例えば、イギリスやドイツでは政府が、オランダやデンマークでは職人の協同組合が行っているとのことです。また、茅材として、トルコや東欧から安価なヨシを輸入して確保するなど、現在でも茅葺民家は新しく造られています。

例えばオランダでは、年間2000棟も新築されており、さらにはデンマークでも新築されています。こういった伝統に則った住宅に住むことが、ステータスシンボルにまでなっています。

日本では、このような古い民家に住むことは、まだ時代遅れという方もいますが、ヨーロッパでは、「茅で屋根を葺き、古くなれば肥料として土にかえる」**本当に環境にやさしい究極のエコロジー（自然環境保全）建築として、その居住性と共に最先端の住宅として、今も造られ続けています。**

オランダでは、火災を防ぐために、耐火ボードを茅葺の下にはることにより耐火性を増し、イギリスでは薬剤を使って延焼を防ぐ取り組みをしているとのことです。そういった工夫をしつつ現代生活のなかで今もなお、民家として使っています。

写真14.　旧白洲邸武相荘

日本でも、昭和18年に自宅として茅葺民家を購入した方がいます。連合国軍占領下の日本で吉田茂内閣総理大臣の側近として活躍し、終戦連絡中央事務局や経済安定本部次長や貿易庁長官を務めて、困難な日本を救ったといわれる**白洲次郎氏です。**奥さんは、14歳で米国留学し、確かな審美眼と精緻な文章で日本の美を追求する作品を多数著した**随筆家の白洲正子氏です。**次郎氏もイギリスのケンブリッジ大学に留学していて、共に早くから日本民家の良さに気付いて、自宅にしています。

(写真14)はその民家ですが、場所は、東京都町田市能ヶ谷で、武蔵と相模の境にあることから武相荘とし、無愛想をかけて名付けたそうです。現在も残っていて、**「旧白洲邸武相荘」**として一般公開されています。

神戸市の六甲山北側の北区には、約800棟もの茅葺民家があり、日本の原風景ともいえる風景を残しています。この北区淡河町《おうごちょう》で、茅葺職人であり、茅葺屋根保存会「くさかんむり」の代表を務める相良郁弥《さがらいくや》氏などの努力により、神戸市は「〈茅葺き屋根〉を神戸市北部農村地域のブランドにしたい」と取り組んでいます。都市近郊や田舎にまだまだ多く残る民家は宝物であり、何としてでも残していきたく思います。

最近は、コロナ禍の中で、テレワークによる自宅での仕事が多くなってきたり、田舎暮らしが見直され、移住も多くなってきて、民家での優雅な生活も、実現可能になってきつつあります。

一般伝統的木造住宅(民家や町家)の耐震改修先進事例と、全都道府県での「耐震改修」の取り組みを

住宅の耐震改修において、「一般木造住宅」については、全国で取り組まれていますが、一方で、「伝統的木造住宅」の民家や町家の耐震改修は、取り残されています。これに対して、**民家や町家が多く残っているところでは、民家や町家の耐震改修が先進的に取り組まれています。**

その一つが京都市で、「京町家の限界耐力計算による耐震設計および耐震診断・耐震改修指針」を制定し、2007年度より、「京町家耐震診断士」を育成しながら、京町家の耐震改修を進めて

一般伝統的木造住宅（民家や町家）の耐震改修先進事例と、全県での取り組みへ。

○　一般民家や町家の耐震改修先進事例

・京都市・・・「京町家の限界耐力計算による耐震設計診断改修指針」を定め、京町家耐震診断士を認定して。
工事費補助・・120〜300万円（規模による）　8／10

・高山市・・・「高山市伝統構法木造建築物耐震化マニュアル」を定め、その講習受講建築士に限定で。
工事費補助・・180万円　10／10

・福井県・・・構造が伝統的構法、もしくは「福井の伝統的民家認定の住宅」が対象。敦賀市他5市永平寺町他4町にて施行。
工事費補助・・190万円　8／10、1町のみ150万円

○　「限界耐力計算による耐震設計法」での、全県取り組みへ。

・熊本県・・・熊本地震からの復旧復興で「くまもと型伝統構法を用いた木造建築物設計指針」を作成し、その講習受講建築士では、適判審査料を約半額にして、促進を図っている。

います。工事費の補助として、工事費の80％の120万円限度という枠が設けられ、延べ面積が120平方メートルを超えるものは、補助限度額を超過部分1平方メートルあたり1万円引き上げとしています。引き上げ後、最大300万円の限度枠です。京町家の耐震改修工事費が、かなりの工事費がかかる事を考慮して、多くの補助金を出しています。また、京町家の特性に合わせて、診断方法が簡便になるよう指針を設け、耐震改修しやすくしています。

その二つ目が高山市で、京都市と同じように、「高山市伝統構法木造建築物耐震化マニュアル」を制定し、その講習を受けた建築士に限定して、耐震改修を行っています。工事費補助は、10割補助で、最大180万円です。

ここも高山市の民家の特性を生かした診断方式にして、耐震改修をしやすくしています。

さらに、**三つ目は福井県で、県全体で「一般木造住宅」とは別に「伝統的な古民家の耐震改修」を設け、診断費補助と工事費補助を別枠で設けています。**工事費補助は8割補助で、190万円の限度額。1町のみ150万円に下げています。取り組んでいるのは、敦賀市他5市と永平寺町他4町です。

以上の3事例ありますが、いずれも、何とか残っている民家や町家の耐震改修を進めて残していきたいとの素晴らしい取り組みの先進事例です。

現在、「住宅耐震改修の補助制度」がありますが、「伝統的木造住宅」がほぼ取り組まれていません。この事例の**福井県のように、全都道府県において、「伝統的木造住宅」の項目を設け、工事費補助は、約200万円弱程度を上限にする等で早急に取り組まれんことを、実現したく希望いたします。**

別のテーマになりますが、**「限界耐力計算による耐震設計法」の地域に合わせた簡便な耐震設計法の開発も求められています。**

熊本県では熊本地震の復旧復興過程において、**「くまもと型伝統構法を用いた木造建築物設計指針」**を作成し、主に住宅を対象の作成としています。これは、熊本地震で多くの伝統的建造物が倒壊や大破したことにより、伝統的建造物の耐震改修や新築工事を今後もさらに進めたいと、熊本県の伝統的建築物の特性に合った「限界耐力計算による耐震設計法」の簡便な耐震設計法によって開発したものです。これによる研修を受けた建築士による耐震診断や設計において、構造計算適合性判定（建築物の構造計算書が建築基準法に適合しているかを第三者機関が判定する制度です。対象建築物は、一定の規模や高さを超える建築物ですが、構造計算書偽造事件を受けた２００６年の建築基準法改正で、限界耐力計算法も対象となっています）の審査料を通常の約半額にしています。

これは、「限界耐力計算による耐震設計法」が難しい計算になるので、熊本県における伝統構法（くまもと型伝統構法）に限定することにより、簡便で計算しやすい耐震設計法にして、使いやすいものにしています。

このような取り組みを**この熊本県と同じように京都市や高山市でも行っており**、民家や町家といった伝統的建築物は、それぞれの地域により特色ある構造型式で建てられています。よって、全国の都道府県でも「伝統的木造住宅」の耐震改修を取り組む場合も、その地域の特色ある構造型式に合った「限界耐力計算による耐震設計法」の簡便な設計法を検討してみることも必要のように思われます。

いろんな工夫をしながら伝統的建築物の耐震改修が取り組まれればと思います。

以上は「伝統的木造住宅」の、大きく揺れながら持ちこたえる構造特性に合った「限界耐力計算による耐震設計法」による「耐震改修」ですが、文化財や景観建築物等で、特に外観や意匠を遺す場合は、必須条件だといえます。ただ、この方法は、建築構造技術者等、構造の良くわかる方でないと取り組みが難しいといえます。

特に外観や意匠を残さなくても良くて、**かなり壁のあるような「伝統的木造住宅」であれば、一般住宅用の「一般診断法」や「精密診断法」での簡便な方法でも、「耐震補強」をすることは可能です。**その場合は、精緻に計算する「精密診断法」が適しており、非常に多く残る「伝統的木造住宅」に対して、簡便な方法として取り組まれています。

この「精密診断法」による簡便な方法については、「耐震改修の安価な工法」の開発を行っている「NPO法人達人塾ネット」において、その取り組み手法の技術講習や技術検討が、行われています。

chapter

5 「南海トラフ地震」と「首都直下地震」等の危機が迫っている

■発生確率の高い「南海トラフ地震」と「首都直下地震」の被害想定

現在、非常に発生確率が高く、特に危険な大地震として、「南海トラフ地震」と「首都直下地震」が挙げられています。

その内**「南海トラフ地震」は、「南海トラフ巨大地震」ともいわれ、フィリピン海プレートが、ユーラシアプレート（アムールプレートともいい日本列島・大陸側のプレート）の下に沈み込んでいて、その沈み込み帯である南海トラフ沿いが震源域と考えられているマグニチュードが8以上になる巨大地震です。**約90～150年（中世以前の発生記録では200年以上であり、200年程度の間隔との意見もある）の間隔で発生し、「東海地震」（静岡県沼津市沖の駿河湾から浜名湖南方沖の遠州灘中部の間）、「東南海地震」（遠州灘から紀伊半島沖の間）、「南海地震」（紀伊半島の紀伊水道沖か

表4.　発生確率の高い大地震の被害想定

	南海トラフ地震	首都直下地震
想定年次	2013年3月公表（改訂中）	2013年12月公表（改訂中）
30年以内の発生確率	70〜80%	70%
想定マグニチュード	8〜9	7．3
直接死の被害想定（最大予想）	総計：約32万3千人 ・津波　:23万人 ・建物倒壊　:8万2千人 ・火災　:1万人 ・斜面崩壊等:630人	総計：約2万3千人 ・建物倒壊:6.4千人 ・火災　:1万6千人
経済被害	220兆円	95兆3千億円
対策	・津波避難の徹底 ・木造建物の耐震化	・木造建物の耐震化
対策の効果	死者の8割減	死者の9割減

ら四国南方沖の間）の震源域が、毎回数時間から数年の間隔とか、同時に三つといった地震が連動して起こる「連動型地震」です。

最新の「南海トラフ地震」としては、1944年の「昭和東南海地震」と1946年の「昭和南海地震」があり、共に戦争中や戦後すぐの混乱期の地震で、「東海地震」が含まれていませんでした。さらに前の「南海トラフ地震」は、1854年で、すでに200年近く経っています。よって、1970年代以降に、「東海地震」については、直前予知に基づいた予知体制が構築されましたが、発生することなく今日に至り、単独で起こるかどうかは不確かになっています。

「南海トラフ地震」の被害想定等については、

中央防災会議で検討され、２０１３（平成25）年3月に、内閣府より公表されています。

それによると、30年以内の地震の発生確率は、70～80％と高く、想定マグニチュードも8～9と非常に高くなっています。直接死の被害想定は、総計で約32万３０００人、その内訳は、津波による死者が23万人、建物倒壊で8万２０００人、火災で1万人、斜面崩壊等で６３０人となっています。津波の想定としては、15～20メートル（三つの震源域＋津波地震が連動で）、想定最大津波としては34メートル（高知県）、25メートル（三重、静岡、徳島県）になります。経済被害額は、２２０兆円です。

災害対策としては、「津波避難の徹底」と「木造建物の耐震化」があり、これを徹底して行えば、死者の8割を減らすことができるとなっています。

もう一つの「首都直下地震」は、「南関東直下地震」ともいわれ、関東地方の南部（神奈川県、東京都、千葉県、埼玉県、茨木県南部）で歴史的に繰り返し発生するマグニチュード7級の大地震を指す総称です。この関東平野の地下では、北アメリカプレートと太平洋プレートとフィリピン海プレートが重なり接しています。そのため、関東平野の直下型地震は、いろいろな場所を震源として発生しています。

特に首都圏の中心地域であることから、対策の強化が図られています。

「首都直下地震」の被害想定等については、2013（平成25）年12月に、被害対策を検討してきた国の有識者会議が発表しています。

これによると、30年以内の地震の発生確率は、70%で、想定マグニチュードは7・3です。直接死の被害想定は、総計で約2万3000人で、その内訳は、建物倒壊による死者が6400人、火災の死者が1万6000人等です。経済被害額は、95兆3000億円です。

災害対策としては、「木造建物の耐震化」のみで、これを徹底して行えば、死者の9割を減らすことができるとなっています。

■「南海トラフ地震」のフォローアップ検証結果

内閣府が2019（令和元）年5月に、「南海トラフ地震」の2013（平成25）年の被害想定等の、2018（平成30）年でのフォローアップ検証結果を発表しています。

これによりますと、人的被害想定の当初の約32・3万人が、約23・1万人に減り、約28%の減になっています。この調子でいきますと、当初目標の2023（令和5）年までに死者を概ね8割減を達成するのはかなり難しく、後9年程度必要になっています。

次に、物的被害想定については、当初、約238・6万棟の滅失でしたが、約209・4万棟滅失

表5.「南海トラフ地震」防災対策推進基本計画のフォローアップ結果
（2019年5月公表推計）

	2013年（当初）	2018年（5年後）
人的被害想定	約32．3万人死亡 2023年までの目標 概ね8割減	約23．1万人死亡 （約28%減） 遅れている （後9年必要）
物的被害想定	約238．6万棟滅失 2023年までの目標 概ね5割減	約209．4万棟滅失 （約12%減） かなり遅れている （後15年必要）
直接被害額想定	約169．5兆円	約171．6兆円
低減の主な要因	・津波避難意識向上に ・建替えや耐震改修に ・建替えや耐震改修に	よる津波被害減 よる倒壊被害減 よる火災被害減

になり、約12％減です。この調子でいくと、2023（令和5）年までに概ね5割減の目標にはほど遠く、後15年程度必要になります。

さらに、直接被害想定額については、当初約169・5兆円だったものが、約171・6兆円に増えています。これは、近年の資材価格の高騰などが影響しているとのことです。

低減した主な要因として、一つは、「津波避難意識向上」で、かなり死者が減ったりしています。その二つ目は、「建替えや耐震改修」により、木造建物の耐震化が進んだことにより、倒壊死と火災死が減っています。

とにかく、死者が5年間で28％も減っているのは素晴らしい事で、恐らくその大部分は、「津波避難意識向上」によるもので、特に、取り組み始めたところで、大きな成果が出たものと思います。

しかし現実は、物的被害想定になる「建替えや耐震改修」が、特に木造建物で遅れていて、木造建物の「建替えや耐震改修」の促進が、特に必要です。

■「首都直下地震」東京都のフォローアップ検証結果

東京都が、「首都直下地震」の内、東京都内の分のフォローアップ検証結果を2022（令和4）年5月に発表しています。

これによりますと、2012（平成24）年の当初に想定した地震は、「東京湾北部地震」で、2022（令和4）年では、「都心南部直下地震」であり、**死者は、当初、9641人死亡で、2022年では、6148人と約36％減になっています。**

さらに、建物被害では、当初30・4万棟の倒壊でしたが、19・4万棟の倒壊に減っていて、これも約36％の減少になっています。これの内訳としては、「揺れなどの倒壊」では、11・6万棟が8・2万棟（約29％減）に減り、「火災による滅失」では、18・8万棟が11・2万棟（約40％減）に減っています。よって「火災による滅失」で大きく減らしています。

帰宅困難者としては、当初の約517万人が約453万人と、約12％減にとどまり、あまり減っていません。これについては、ほとんど減っていない状況で、今後、どう改善していくかの大きな課題となっています。経済被害については、当初は想定被害額を計算していませんでした。今回は、

表6. 「首都直下地震」**東京都**のフォローアップ結果
（2022年5月発表）

	2012年	2022年（10年後）
想定した地震	東京湾北部地震	都心南部直下地震（冬・夕方）
死者	9641人死亡	6148人死亡（約36%減）
建物被害（揺れなど）（火災）	30．4万棟（11．6万棟）（18．8万棟）	19．4万棟（約36%減）（8．2万棟）（11．2万棟）
帰宅困難者	約517万人	約453万人（約12%減）
経済被害	発表無し	21兆5640億円
低減の主な要因	・耐震化率の向上 ・木造住宅密集地域減（建替えによる不燃化）	（10．8%高い92．0%） （46%少ない8600ha）

21兆5640億円で、今後の検討項目となっています。

これらが**低減した主な要因は、一つに、「木造住宅の耐震化率の向上」があり、**当初81・2%であったものが、92・0%に上がり、10・8%上げています。二つに、「木造住宅密集地域減」があり、当初から46%減と半分近くの8600ヘクタールまで減らしています。**これは、東京における木造住宅等の「建替えや滅失」が活発であったことによるものです。**

この2012年から2022年の10年間は、首都において、最も「大規模再開発」が行われた時期だと言えます。今後は、建設費の高騰や、やりやすい土地は無くなっており、再開発はできなくなっていきます。

よって、地道な「木造住宅の耐震化」が必要になっていき、努力していく必要があります。

■日本列島は、大地震発生の非常に危険な状況になっている

政府の地震調査研究推進本部が、２０１４（平成26）年12月に「全国地震動予測地図」を発表しています。

この「全国地震動予測地図」は、将来日本で発生する恐れのある地震による強い揺れを予測し、予測結果を地図として表したもので、「今後30年以内に震度6弱以上の激しい揺れに襲われる確率を示した予測地図」です。全国のそれぞれの場所での地震発生確率がわかるもので、地震発生の危険度を表しています。

これについては、**4**で紹介しました「地震ハザードステーションJ-SHIS」で見られます。

この地図を作成するためには、「南海トラフ地震」や「首都直下地震」等の「プレート境界地震（海溝型地震）」があり、発生周期が数十年から数百年と非常に短く、発生確率が高くて、広範囲の巨大な地震です。さらには、「内陸直下型地震（断層型地震）」もあり、これは発生周期が千年から数千年と非常に長く、発生確率が非常に低い地震でいつ起こるかわからない地震です。これらを合わせて作られています。

大地震が切迫している。

- 政府の地震調査研究推進本部が、**全国地震動予測地図**を2014年に発表した、2020年版による。

- 水戸81%、徳島75%、高知75%静岡70%、和歌山68%、高松64%、千葉62%等、**非常に確率の高い都市が、多数ある。**

今後30年以内に震度6弱以上で揺れる確率

主要都市での揺れる確率 (2020年版)					
都市名	確率	都市名	確率	都市名	確率
札幌	2.2	金沢	6.6	岡山	44
青森	5.0	福井	15	広島	24
盛岡	6.3	甲府	36	山口	6.3
仙台	7.6	長野	6.1	徳島	75
秋田	10	岐阜	27	高松	64
山形	4.2	静岡	70	松山	46
福島	9.3	名古屋	46	高知	75
水戸	81	津	64	福岡	6.2
宇都宮	13	大津	13	佐賀	9.2
前橋	6.4	京都	15	長崎	3.0
さいたま	60	大阪	30	熊本	11
千葉	62	神戸	46	大分	55
東京	47	奈良	62	宮崎	43
横浜	38	和歌山	68	鹿児島	18
新潟	15	鳥取	9.3	那覇	21
富山	5.2	松江	4.9		

この「全国地震動予測地図」の2020年版により、都道府県の県庁等所在都市における「今後30年以内に震度6弱以上で揺れる確率」を表している一覧表を付けています。

これによりますと、発生確率50%を超える都市として、水戸81%、徳島75%、高知75%、静岡70%、和歌山68%、高松64%、津64%、千葉62%、奈良62%、さいたま60%、大分55%があり、11都市があります。さらに、25%から50%未満は、東京47%、名古屋46%、神戸46%、松山46%、岡山44%、宮崎43%、横浜38%、甲府36%、大阪30%、岐阜27%があり、10都市あります。

以上を見てみますと、都道府県の県庁等所在都市なので、47都市があり、その値は、都道府県の中心都市なので、都道府県の全体を

表しているといえます。

その内、50％以上が11都市もあり、全体の4分の1近くで、恐らく30年以内にどこかで、震度6弱以上の地震はあるのではないかと思います。さらには、25％から50％未満が10都市で、併せて、25％以上では、21都市もあり、全体の半分近くになっているのと、東京、名古屋、神戸、横浜、大阪がそこに含まれており、**日本の主要都市で、大地震発生の危険性が非常に高まっていることがわかります。**

日本列島は、大地震発生の非常に危険な状況になっています。

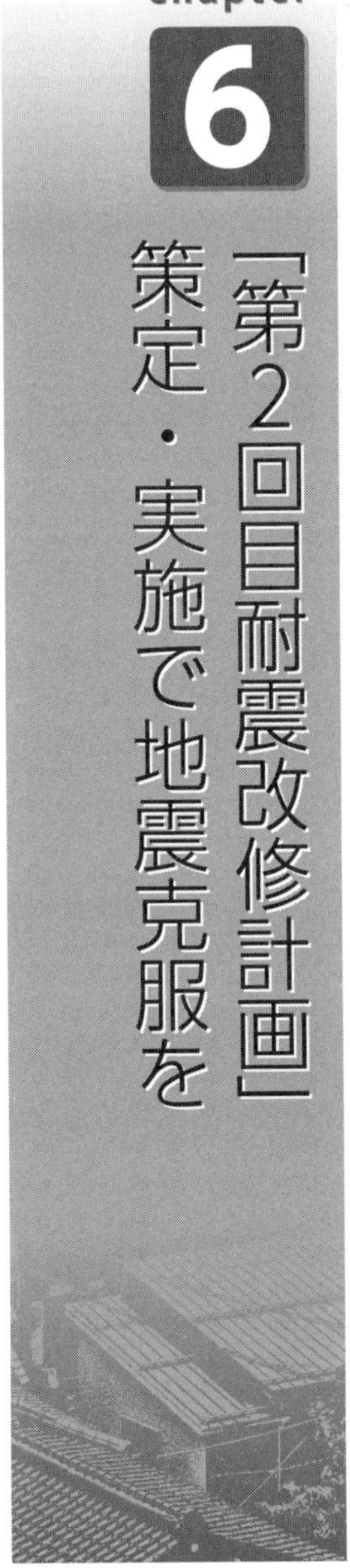

chapter

6 「第２回目耐震改修計画」策定・実施で地震克服を

■国の補助制度のある建築物の「耐震改修」の進捗状況

阪神大震災以後、もうすでに29年（２０２４年時点）になりますが、その間に、**建築物の「耐震化」がどの程度進んできているかを見てみます。結論からいえば、きちんとした補助制度のあるものは、後10年もすれば、ほぼ完成になる程度までの成果が出ています。**

まず、**「教育施設」については、**中国の「四川大地震」（２００８年5月発生）で、約６９００棟以上の校舎が倒れ、約1万９０００人の児童が亡くなったことや、日本では教育施設が地域の避難場所になっている事等より、**２００８年度より、「耐震改修」に急遽取り組んでいます。特別に8割を超える耐震改修補助を国が出し、約10年で、ほぼ完成になる大きな成果を上げています。**

表7. 阪神大震災以後29年間の**建築物**耐震化成果

建築物	耐震化率	状況その他
教育施設	**ほぼ 100%**	2008年より、高い補助金と耐震化公表等により、ほぼ完了している。
防災拠点施設	**96%**	かなり耐震化は、進んでいる。
住宅（戸建て）	推定91%（推定85%）	木造住宅倒壊が最も危険であり、令和12年には解消の目標で、かなり進んできている。
病院	79%	民間施設が多く、耐震化が遅れている。
耐震診断義務化建築物	71%	特定緊急輸送道路沿道建築物（39%）と、不特定多数が利用の5000㎡以上等の**大規模施設等**（92%）が対象。
観光施設	**不明**	観光立国を目指すも、**宿泊施設、見学施設、売店、食堂等、観光施設の耐震化が、進められていない。**
国宝・重要文化財建造物	63%	最も重要なものでこの程度で、**まだまだ、倒壊し危険であり、原形が失われて、巨額の復旧費がいる。**
一般伝統的建築物	**不明**	危険性は地盤状況に左右されるが、**耐震化がほとんどできていない。早急に、耐震改修補助制度を。**

これは、どんな施設の耐震化でも8割以上の補助率であれば、さらに公表することにより、10年程度で完成できることを示しています。また、小中学校は全国にあることにより、「鉄筋コンクリート造の耐震改修工事」を、**（写真15）**のごとく全国で行い、全国に普及する端緒になる等の、大きな成果も見られました。

災害対策本部が設置される**庁舎や代替庁舎等の「防災拠点施設」の耐震化は、96%で、あと少しであり、かなり耐震化は進んでいます。**

「住宅」については、阪神大震災にて木造住宅倒壊で8割以上の方が亡くなっており、最も危険といえますが、**「住宅」全体が推定91%の耐震化率で、「戸建て住宅」ではこれも推定85%になっています。**かなり「耐震化」されてきていて、2030年にほぼ完成の目標を立てていますが、

写真15.　学校校舎の耐震改修事例

課題も多くあります。

「病院」については、79％で、民間施設が多いなどの理由で、「耐震化」が若干遅れています。

「耐震診断義務化建築物」は、2種類の建築物の「耐震化」の合わせたもので、その一つが、①「特定緊急輸送道路沿道建築物」で、「地震時に、緊急輸送道路として使用したい道路を自治体が指定しますが、その沿道にある建築物で、道路に大きく倒れる可能性のある建築物」です。その二つに、②「不特定多数が利用の5000平方メートル以上等の大規模施設等」で、「不特定多数が利用する飲食店、物販店、銀行、宿泊施設、劇場、集会場、運動施設、停車場、福祉センター、危険物貯蔵場等の5000平方メートル以上の大規模施設」です。

これらの耐震化率ですが、全体の「耐震診断

義務化建築物」は71％で、その内、①の「特定緊急輸送道路沿道建築物」は39％で、②の「不特定多数が利用の5000平方メートル以上等の大規模施設等」は92％です。

なぜ、①と②の施設で、これだけ違っているのかは、共に「耐震診断の義務化・結果の公表施設」ですが、①の施設は、結果の公表が、地方公共団体が定める日までとなっており、県単位で半分程度の公表しかされていません。また、ほとんど、新聞等メディアに取り上げられていないことで、一般の方にわからない状況で、公表の意味がないことによるのではないかと思います。

一方、②の施設は、平成27年12月末までに診断結果報告になっています。よって、必ず公表であり、地方自治体にとっては、例えばホテル等では、町の基幹産業でもあり、国の補助に、地方自治体の補助を足すなどして、何としてでも耐震改修を進めていることによって、推進されています。

国宝・重要文化財建造物では、63％になっています。これらの建造物は、その多くが「伝統的木造建築」で、地震で倒壊する危険性の高い建物ですが、国宝や重要文化財という文化財の中で、最も重要な施設でさえも、この程度までしかできていないということです。

その他の伝統的木造建築では、都道府県や市町村の指定文化財建築や登録有形文化財建築も「耐震改修」を取り組み始めていますが、始まったばかりで、ほとんどできていません。一般の民家や町家、さらには社寺なども、まったくといえるほど取り組まれていません。

以上が、国の補助制度のあるもので、「耐震化」が進んでおり、それは、主として防災関連施設や非常に地震で危険な施設等の、最低限の施設に限られています。**これらの補助制度のある施設は、多くの方々のご努力により、「耐震改修」がほぼ完成に近づきつつあります。**

■「耐震改修」の補助制度がなくて取り残されている建築物

「耐震改修」の補助制度がない建築物は、非常に多くあります。自主的に「耐震改修」をしてくださいとのことですが、現実は、一部、何とか建て替えがされているものと、余程の優良企業くらいが「耐震改修」を行っている程度で、お金のかかる「耐震改修」は、ほとんど行われていない状況です。

そういった、「補助制度がなくて、取り残されている建築物」の中で、非常に遅れていて最も危険で、緊急に耐震化の必要な建築物として、三つあります。

その一つは、①「不特定多数の方が利用する小中規模施設」です。

この不特定多数の方が利用する施設で、5000平方メートル以上等の大規模施設には補助制度があり、92%も進んでいるのなら、小中規模施設も、すぐに耐震化すべきなのに、それがされていい

「耐震改修」の補助制度が無くて
取り残されている建築物

1）最も危険で、「耐震改修」の急がれる建築物
①「不特定多数の方が利用する小中規模施設等」
（劇場、集会場、運動施設、物販店、飲食店、博物館、美術館、銀行、図書館、停車場、福祉センター、危険物貯蔵場等）
②「伝統的建築物の内、特に何かに指定されているもの」
（「文化財建造物」や「景観建築物」等）
③「観光施設」
（宿泊施設、見学施設、売店、食堂等）

2）その他建築物
④「工場等生産施設・事務所等」
⑤「一般伝統的建築物」
⑥「その他施設」

ません。

この「不特定多数の方が利用する施設」として、劇場、集会場、運動施設、物販店、飲食店、博物館、美術館、銀行、図書館、停車場、福祉センター、危険物貯蔵場等ですが、これだけ多くの施設について、放置されています。

当初は、これに「教育施設」や「病院」さらには「宿泊施設」も含まれていましたが、前の二つは、それぞれの施設毎に、現在は「耐震改修」が取り組まれていて、「宿泊施設」については、この後で取り上げる③「観光施設」に入る予定なので、ここでは除いています。

以上のごとくそれぞれの施設は、施設数も多くて実施して完成させるのは大変です。

ただ、現実問題として「不特定多数の利用する小中規模施設」で、多くの人々にとって、非常に危険な施設になります。**これらの施設**

に「耐震改修」の補助制度がないのは、まったくの「行政の怠慢」としかいえません。非常に危険で、早急な「耐震改修」が必要です。

次にその二つ目としては、②「伝統的建築物の内、特に何かに指定されているもの」です。「伝統的建築物」は、大部分が木造建築で、昔から大地震ではその多くが倒れ、大被害の出る、非常に危険な建築物です。当初の「耐震改修計画」策定の時点では、まだ、**簡便な「限界耐力計算による耐震設計法」**が開発されていませんでした。よって、「耐震改修」対象として、特に取り上げられていませんでした。

開発されたのが、２００２（平成14）年で、ようやく多くの建築士で取り組めるようになっています。ということで、**「伝統的建築物」は、危険にもかかわらず「耐震化」が非常に遅れています。特に何かに指定されているものとして、「文化財建造物」と「景観建築物」等があり、**それぞれ「耐震改修」の補助制度はありますが、不十分で、非常に遅れている状況です。**せめて、この指定している建築物については、早急に耐震化をしてしまいたいという事です。**

その三つ目は、「観光施設」です。

すでに、１７０ページの「阪神大震災後29年間の建築物耐震化成果」に「観光施設」が特に「耐震化」が遅れていて、非常に危険と書いています。**施設内容としては、宿泊施設、見学施設、売店、**

食堂等があり、これらはすべて、「不特定多数の利用施設」であり、**見学施設等には「伝統的建築物」**も非常に多くあり、「耐震化」が必須の施設です。それが、「耐震化」されていません。

インバウンドの目標が、2030年に6000万人ですが、**現状では、大地震では、「観光施設」の多くが、倒壊して大惨事になる状況で、危機的状況といえます。早急な耐震化が必要です。**

以上が最も危険で特に急がれるものですが、**これよりは少しはましなものとして、補助制度がなくて「耐震改修」が取り残されている建築物としては、これも3種類があります。**

まず、その一つは、④「工場等生産施設・事務所等」です。

これは、ものを作ったりする工場等の生産施設や、事務を行う等の働く場所の建築物です。こういった建築物には、**補助が出ないのですが、これは、これまでの最近の地震では、これらの施設で死者がほとんど出ていないことによるのではと思います。**

（写真16）は、阪神大震災直後の神戸市内の被災状況で、どうも中小ビルの鉄骨造では、極端な壊れ方をするものもあり、かなり危険です。「阪神大震災」は早朝に起こっており、人々はまだ家で寝ていて、工場や事務所に居なかったので、死者の大半が木造住宅倒壊死になっています。もし、**昼間に起こっていれば、この（写真16）のごとく、かなりの死者とけが人が出て、大変だったと思**

写真16.　阪神大震災直後の神戸市都心の被災状況（大海一雄氏提供）

われます。

その他の地震では、「熊本地震」の2回の大地震も夜で有り、「能登半島地震」は元日の夕方で、総て、工場や事務所に人が出ていなかったので、工場や事務所等での死者はほぼいませんでした。これらは「内陸直下型地震」で、地震での建物倒壊被害の大きい地震です。

唯一、昼間に襲われた「東日本大震災」は、「プレート境界地震」の巨大地震で、震度7の地区もあり、津波で9割以上の方が亡くなっています。その中には、建物倒壊で逃げ出せなかった方も多く居られるのではと思います。よって、建物倒壊等による死者は、90人とかといわれていますが、実際はもっと多かったと思います。

一方、工場や事務所が被災すると、震災後、事業継続ができなくなる可能性が高く、生活への影響が非常に大きいです。**中小企業では、仕**

事ができなくなり失業し、最悪の場合は倒産になります。

「東日本大震災」でトヨタ自動車は、車製造のサプライチェーンとしての部品工場で被害が続出し、全工場で生産が再開されたのは、震災後、1カ月以上経ってからになっています。車製造には、2～3万の部品が必要で、その部品製造の下請け工場に、被害が出れば、車製造ができません。

それぞれの会社で、事業継続計画を立てる必要があり、下請け工場の耐震化も必須条件になります。

次に二つ目として、⑤「一般伝統的建築物」です。

これは、「文化財建築物」や「景観建築物」等に指定されていない、一般のもので、社寺や町家や民家や酒蔵等の生産施設もあります。伝統的木造建築が多いことから、**倒壊の危険性が非常に高く、特に危険です。**

伝統的建築物は、一度失われるとほぼ二度と再建できないもので、日本文化を守るために是非とも必要です。

そして最後に⑥「その他施設」です。これまでの①施設から⑤施設に含まれない、「その他施設」で、残された「耐震改修未済建築物」の全てを対象とします。

■土木構造物の「耐震改修」の進捗状況

土木構造物についても、「耐震改修」の状況を調べてみました。

まず、**「新幹線」ですが、**阪神大震災では、陸橋が外れて落ち、柱が剪断破壊〈物がずれる変形を起こす力〈剪断力〉により生じる破壊〉でつぶれました。幸い始発前で新幹線が走っていなかったので大事故は免れました。陸橋が外れないように、柱が破壊しないように「耐震補強」をしたのと、さらには折れたコンクリート電柱の「耐震補強」をして、**ほぼ終わりかけています。**

次に、**JR各社や私鉄の「在来線」については、**「新幹線」の「耐震補強」の項目の内、コンクリート電柱を除いた「耐震補強」の、難しい所を除いた**約90％程度まで完成しています。**

「道路」についても、「在来線」と「耐震補強」内容はほぼ同じで、**約90％程度まで完成しています。**

「ガス管」については、地震で折れないガス管への取替ですが、東京ガスで89％、大阪ガスが88％完成で、**2030年には、共に95％完成を目標に取り組んでいるとのことです。**他に、被害が広範囲におよばないように、「供給停止ブロック細分化」も、現在、取り組まれています。

「電柱」については、阪神大震災で8100本倒壊したものを、全国からの応援により6日で復旧しています。そういうこともあり、電柱を補強するよりも、日本では遅れている「無電柱化」に取り組んでいくことにしています。**特に急がれる緊急輸送道路の「無電柱化」を進めるとのことで、現状は38％とのことです。**

表8. 阪神大震災以後29年間の**土木構造物**耐震化成果

構造物等	耐震化率	状況その他
新幹線	ほぼ99%	落橋防止対策や柱の剪断破壊対策、コンクリート電柱等の耐震補強がほぼ終わりかけている。
在来線	90%程度	同上の耐震補強が難しいところを残し、約9割程度まで完了。
道路	90%程度	同上の耐震補強が難しいところを残し、約9割程度まで完了。
ガス管(東京・大阪ガス)	89%・88%	2030年度に、95%の目標で、取り組み中。他に供給停止ブロック細分化も行う。
緊急輸送道路無電柱化	38%	阪神大震災で8100本倒壊、6日で復旧、比較的、復旧は早い。台風での倒壊もあり、**無電柱化で取り組む。**
下水道施設	38〜56%	**自治体中心の下水道事業者任せで、耐震化が後回し。**重要幹線等56%下水処理場40%、**代替手段が無い。**
水道施設	42〜64%	**同上で、耐震化が後回し。**基幹管路42%、浄水施設43%、配水池64%、**消火用水が出ない危険有り。**

「下水道施設」と「水道施設」は、共に、地方自治体中心の小さな事業者で経営されていて、耐震化が非常に遅れています。「下水道施設」では、重要幹線等が56%、下水処理場が40%で低く、代替え施設のない施設で、非常に危険です。「水道施設」も、基幹管路42%、浄水施設43%、配水池64%と低く、**地震で水が出ないとなると、消火栓の水も出なくなり、大火の原因になります。**阪神大震災でも断水となり、消火栓は使えず、風もなかったのに4日間も燃え続けています。

「下水道施設」と「水道施設」については、生活維持に必要不可欠の設備で、道路等と同様に、公共整備があっても良いといえる施設です。

令和6年能登半島地震でも、断水で輪島朝市での火災が大火になり、水が出ないことで、あらゆる生活の立ち上げが遅れています。

現在は，「南海トラフ地震」等の巨大地震が切迫しています。2024年度に国土交通省の所管になる事もあり、**この「下水道施設」と「水道施設」の「耐震改修」については、教育施設での補助率くらいの、非常に高い補助率で補助して、早急に耐震化を完成させる必要があるように思います。**

この上下水道施設以外の土木構造物については、かなり「耐震化」が進んでいて良いと思います。ただこの表に書かれていませんが、**熊本地震であった「山崩れ」**では、直接死50人中、10名が亡くなっています。令和6年能登半島地震でも、「山崩れ」で道路が寸断され、死者もかなり出ています。

「山崩れ」が土木の地震対策の新しい課題になっています。

■上下水道施設の耐震化を、10年で完成へ

前のところでも述べている事ですが、**水道事業が2024年4月、厚生労働省から国土交通省に移管され、下水道事業と合わせて、まず、避難所や病院等重要施設への上下水道の耐震化を始めています。**

これは素晴らしいことで、南海トラフ地震や首都直下地震等、地震が切迫する中で、最も必要と

上下水道施設の耐震化を、10年で完成へ

○　水道事業が2024年4月、厚生労働省から国土交通省に移管され、下水道事業と合わせて、まず、**避難所や病院等重要施設への上下水道の耐震化を始めた。**

○　これは素晴らしいことで、重要施設と言わず、**総ての施設に対して、教育施設が10年で完成したごとく、8割程度の補助をして、耐震化を完成させてほしい。**

○　上下水道施設は、道路等と同じく公共的施設であり、生活の必需品です。よって、利用者料金のみの整備にゆだねるのではなく、**公共にも整備の責任がある。**

する事業といえます。

重要施設といわず、すべての施設の耐震化に対して、教育施設が10年で完成したごとく、8割程度の補助をして、耐震化を10年で完成させてほしいと思います。

上下水道施設は、生活するのになくてはならない施設であり、まったくの必需品で、道路施設等と何ら変わらない公共施設といえるものです。また、上下水道施設が使えないのは、それぞれの施設の耐震化が遅れているという理由によるものであり、施設の耐震化を急げば解決します。それはまた、利用者料金だけを財源とした整備にゆだねるのではなく、公共にも整備の責任があるものです。現在の地震発生確率の高い時期に、地震があっても断水しないようにするのは、国の役割といえま

す。

特に、地震があると消火栓から水が出ない等は、後進国ではない日本で、まったく恥ずかしい話で、何が急ぐべき事業かの選択が、間違っています。

このような、日常生活に大きな影響を与える上下水道施設は、特に改修を急ぐべき施設であり、最優先で、耐震化を終えたいと思います。

急激に耐震化を達成した教育施設の例は、非常に良い例で、8割を超える補助で、約10年で完成しています。

これに倣い、**地震が切迫する現在では、上下水道施設も10年で耐震化を完成させたく思います。**

■「大地震切迫危険」、「建築基準法の不備による国の責任」と、伝統的建築物は「日本文化と観光施設を守るため」に、「第2回目耐震改修計画」策定・実施が必要です

「第2回目耐震改修計画」策定・実施の必要性については、三つの理由があります。

その一つとして、「大地震が迫っていて、一方で（耐震改修）の必要施設が多数残っている事」があります。

「南海トラフ地震」と「首都直下地震」が切迫し、30年以内の発生確率が70〜80％と70％といわ

「第2回目耐震改修計画」策定・実施の必要性

1. 大地震が迫っており、「耐震改修」必要施設が多数残。

・「南海トラフ地震」と「首都直下地震」の30年以内の発生確率が、70〜80%と70%で、切迫しており、「耐震化」が急がれる。

・「耐震改修」必要施設が、まだ多数残っている。

2. 建築基準法の不備により、国が補助する義務がある。

・戦後の1950年にできた建築基準法は、焼け野原の広がる戦後の貧しさの中で、「耐震基準」をかなり引き下げて、制定している。

・戦後建設の1981年以前の「旧耐震建築」は、建築基準法の「耐震基準」の不備で生じたもので、国の責任になる。

3. 「日本文化」と「観光施設」を崩壊から守るために必要。

・「伝統的建築物」は、日本独特で日本文化を表しており、観光の対象施設でもある。失われると2度とできない宝物で、守る義務がある。

・「伝統的建築物」の簡便な耐震設計法が、2002年に開発され、「耐震化」が一般で可能となったことより、国は、安全化の義務がある。

れていて、危機的状況です。こういった大地震が迫る中で、まだまだ多くの施設が「耐震化」されずに放置されていて、大地震が発生する前に、何とか地震被害をなくす「耐震改修」をしてしまいたいという理由です。

これが一番大きな理由といえます。

その二つ目は、「建築基準法の不備により、国が補助する義務がある」という事です。

2でみたごとく、関東大震災の翌年、1924（大正13）年に、世界で初めて「市街地建築物法」（「建築基準法」の前の同等法律）に「耐震基準」が制定されました。これにより、戦前の鉄筋コンクリート造や鉄骨造には、「耐震性」があり、ほとんど地震被害がありませんでした。この良かった「市街地建築物法」は、1943年に廃止となっています。その後、

戦後の1950（昭和25）年に「建築基準法」が制定されたのですが、戦後の生きていくのがやっとの貧しさの中で、**「耐震基準」をかなり引き下げています。**その後、1981年の「新耐震基準」の改定で、ようやく、ほぼ現在の「耐震基準」になっています。

その結果、戦後建設で1981年以前の建築物は、**「建築基準法」の「耐震基準」が低かったために、「耐震性」が足らないことになり、大地震被害が発生しています。この責任は国にあり、国が補助をして「耐震化」を推進する義務があります。**

その三つ目は、「伝統的建築物」についてですが、これは昔からの建て方によるものです。耐震性については、ある程度はあるのですが、「耐震改修」の必要な建物です。**それをどういう理由で「耐震改修」をして残していくかですが、「日本文化」を守るという事があります。**「伝統的建築物」は、それぞれの地域の特色を出しながら、日本独特の様式で建てられており、「日本文化」を象徴しています。一度失われると、ほぼ二度と再建できない状況で、「日本文化」を守る意味で、「耐震改修」をして、残したいという事です。

さらに、その中でも、主要な施設は、「観光施設」になっており、「観光施設」を守る意味でも、残したいという事です。

そして、「伝統的建築物」については、2002年にようやく、簡便な「耐震設計法」である「限界耐力計算による耐震設計法」が開発されています。それまでは、大学教授等の高度な工学的判断で少しずつ「耐震化」が取り組まれていました。それが、ようやく、２００２年以降は、多くの一般建築構造技術者で取り組めるようになっています。

これにより、「伝統的建築物」の「耐震化」が一般に取り組めるようになったことを踏まえ、**国は、地震での安全化の義務があり、これまでできなかった「伝統的建築物」の「耐震化」を、「日本文化」と「観光施設」を守るために、早急かつ強力に行う必要があります。**

■「第2回目耐震改修計画」の完成目標

第2回目の耐震改修計画案を検討していく前に、「完成目標」を検討したいと思います。「完成目標」を考える前提条件として、三つあると思います。

一つは、「南海トラフ地震」と「首都直下地震」の地震が非常に切迫しており、来る前に耐震化を必ず完了させたい事、これが一番の条件です。

二つには、１９８１年の新耐震基準になってからすでに42年経ち、耐震改修の必要な建築物は、建設してから42年以上経っており、私は早過ぎると思いますが、建替えの検討もされるようになっています。そこでこの機会を利用して、その一方で、耐用年数を延ばす耐震化も検討していただきたく思います。

「第2回目耐震改修計画」の完成目標

○目標の前提条件

・「南海トラフ地震」「首都直下地震」の前に耐震化を完了したい。
・1981年の新耐震基準からすでに42年経ち、建替え圧力も高い。
・教育施設は、高い補助率と公表で、約10年で耐震化を完成した。

Ⅰ. 10年以内で耐震化完成

1)「南海トラフ地震」「首都直下地震」の対象地域内建築物
2)緊急に耐震化の必要施設
3)これまで、国の補助金のあった施設は、完成してしまう。

Ⅱ. 20年以内で耐震化完成

・残りの総ての建築物(10年で半数耐震化を目標)

○総ての建築物の耐震化は20年以内に終える。

三つ目は、教育施設は約10年で耐震化を完成させた実績があり、これに倣って行えば、やる気さえあれば、十分早期に完成させることが可能です。

以上の前提条件より、耐震化を早く完成させる必要があります。

まず目標Ⅰの、「10年以内で耐震化完成」として、三つあります。

その一つは、「南海トラフ地震」と「首都直下地震」という二つの地震が来るといわれている対象地域内建築物です。

また二つ目として、特に取り残されて緊急に耐震化する必要のある建築物です。

さらに三つ目は、現在、国の耐震改修補助金の付いている建築物です。もう終わりかけているものもありますが、遅れている建築物では、10年以内に耐震化の完成をしていただきたく思います。

次に、Ⅱとして、「20年以内の耐震化完成」です。

これは残り総ての建築物で、10年で半数耐震化を目標にします。

以上が、「耐震改修」の完成目標ですが、これで、「総ての建築物の耐震改修は20年以内に終える。」目標となります。

この目標を掲げて、耐震改修計画を策定していきます。

■建築物耐震化の早期完成への「第2回目耐震改修計画その1」案

「第2回目耐震改修計画」案の名称は、「建築物耐震化の早期完成への（第2回目耐震改修計画その1、その2）」案です。

内容としては、完成時期により、大きく「その1」と「その2」と二つに分かれます。ここでは、「その1」を、次項目では、「その2」を説明します。

「その1」は、「残された耐震性不足建築物の緊急対策、10年で完成へ」です。

これについては、4種類の建築物があり、「教育施設」に倣って、「7～8割の高い国の補助率」

建築物耐震化の早期完成への「第2回目耐震改修計画その1」案

1. 残された耐震性不足建築物の緊急対策、10年で完成へ。
   1）以下の施設について「教育施設」に倣い、7～8割の高い補助率で耐震化を。
   ①「不特定多数の方が利用する等の小中規模施設」
   （劇場、集会場、運動施設、物販店、飲食店、博物館、美術館、銀行、図書館、停車場、福祉センター、危険物貯蔵場等）
   ②「伝統的建築物の内、特に何かに指定されているもの」
   （「文化財建造物」や「景観建築物」等）
   ③「観光施設」
   （宿泊施設、見学施設、売店、食堂等）
   ④「これまでの耐震改修補助対象の全建築物」

で「耐震改修」を行い、10年以内の完成を目指します。4種類の建築物は、

まず①は、「不特定多数の方が利用する等の小中規模施設」です。

5000平方メートル以上等の不特定多数の方が利用する等の大規模施設については、すでに国の補助制度があり、92％も耐震化が進んでいます。ところが、残った小中規模施設は全く対象にならずに残っています。非常に理不尽なことで、それを対象とするものです。施設の内容としては、非常に多岐にわたり、劇場、集会場、運動施設、物販店、飲食店、博物館、美術館、銀行、図書館、停車場、福祉センター、危険物貯蔵場等があります。

次に②は、「伝統的建築物の内、特に何かに

指定されているもの」です。

これは、具体的には「文化財建造物」と「景観建築物」に指定されたものがあります。例えば、「文化財建造物」では、国宝や重要文化財でようやく63％の耐震化ができている状況です。市町村や都道府県指定文化財等は、ようやく耐震化が始まったところで、国登録有形文化財では、さらに厳しく、一般公開施設にてようやく始まっています。よって、多くの建築物がとり残されていて、何らかの「文化財建造物」に指定されているものを対象とします。

「景観建築物」についても同様で、「耐震改修」が少しずつ始まっていますが、それほど進んでいません。よって、「景観建築物」に指定されているものを対象とします。

③は、「観光施設」です。

これについては宿泊施設、見学施設、売店、食堂等があり、特に耐震化ができていない施設が多いです。これらは、「不特定多数の方が利用する施設」であったり、見学施設では、「伝統的建築物」であるものもあり、どちらからでも耐震化に取り組めば良いと思っています。

「観光施設」としては、２０３０年に「６０００万人」の訪日外国人の目標が立てられていて、鋭意努力がされていますが、建築物の耐震化が「観光施設」の条件になっていない状況です。まず、「観光施設」の新規参入の条件として、「耐震化」されていることを入れ、既存の「観光施設」に、手厚い「耐震改修」の補助制度を設ける必要があります。「耐震改修」する事が、最大の「おもてなし」といえます。

④は、「これまでの耐震改修補助対象の全建築物」です。

「教育施設」のように、ほぼ終わっている施設もありますが、多くが80％や90％程度で、後少しのところまで来ています。

ただ、まだまだ10年以内に完成が困難と思われる施設については、7～8割の補助にすれば良いのですが、もう少し、何が問題になっているか検討して、適宜取り組めばと思います。

例えば、一番倒壊の危険がある「戸建て住宅」については、65歳以上の高齢で、年収３００万円未満の世帯が、半数以上を占めており、「耐震改修」が難しくなっています。これについては、全体工事費も比較的安くすむ事から、50～１００万円程度の補助金の上乗せをこの世帯にすれば、かなり進むと思います。

さらに、民家や町家といった「伝統的木造住宅」については、熊本県のように、すべての都道府県において、「伝統的木造住宅」に対する取り組みを始める必要があります。特に、工事費が一般住戸の2倍程度になる事で、補助金も一般住戸の2倍程度にするのが妥当かと思われます。

その他施設についても、各種補助金の改善を図って、「耐進化」の進捗状況をみながら、取り組む必要があります。

これらは、何としてでも後10年で耐震改修を終えてしまいたく思います。

■建築物耐震化の早期完成への「第2回目耐震改修計画その2」案

「その2」は、**「全ての耐震性不足建築物の耐震化、20年で完成へ」です。20年以内に全て耐震化してしまおうという事です。ここでは、耐震化の呼び水として、「4〜5割程度の補助率」で耐震化をすることを考えています。その対象施設は、「残されている耐震性不足建築物で国の補助のない全施設」です。具体的には、**

⑤「工場等生産施設・事務所等」です。

職場になり、地震で被害が出ると、生業ができなくなります。特に、事業継続計画を立てる必要があり、「耐震改修」は、その中心事業になります。

⑥は、「一般伝統的建築物」です。

「文化財建造物」や「景観建築物」等に指定されていない「伝統的建築物」が対象です。神社や寺院、さらには、酒蔵等の生産施設があります。民家や町家は、住宅の補助もありますので、どちらからでも、良いように思います。

⑦は、「その他、残されている全ての耐震性不足建築物」です。

建築物耐震化の早期完成への「第2回目耐震改修計画その2」案

2. 全ての耐震性不足建築物の耐震化、20年で完成へ。
1）耐震化の呼び水として、4〜5割の補助率で耐震化を
対象は残されている耐震性不足建築物で**国の補助の無い全施設**
⑤「工場等生産施設、事務所等」、⑥「一般伝統的建築物」、
⑦「その他、残されている全ての耐震性不足建築物」
2）更にこの上に、「地震発生危険度」により、補助率の上乗せをする。
「今後30年以内に震度6弱以上で揺れる確率」の%で、
県庁所在都市によるもので、これを都道府県の確率と考え、**10%から25%までは1割を、25%から50%までは2割を、50%以上は3割を追加補助率**とする。

「その2」の「20年で完成への耐震性不足建築物」については、「4〜5割程度の補助率の上に、「地震発生危険度」により、補助率の上乗せ」をします。

167ページにある「大地震が切迫している。」の要約スライド内には、「今後30年以内に震度6弱以上で揺れる確率」の表があり、これは、「全国地震動予測地図」の2020年版より出した県庁等所在都市の地震発生確率です。

「今後30年以内に震度6弱以上で揺れる確率都道府県（県庁所在都市）にて」**（表9）**は、上記の県庁等所在都市の地震発生確率を確率の程度で分類したものです。

このデータにより、**「今後30年以内に震度6**

表9.　今後30年以内に震度６弱以上で揺れる確率
都道府県（県庁等所在都市）にて

No	～10%		10～25%		25～50%		50%～	
1	北海道（札幌市）	2.2	秋田県（秋田市）	10	岐阜県（岐阜市）	27	大分県（大分市）	55
2	長崎県（長崎市）	3	熊本県（熊本市）	11	大阪府（大阪市）	30	埼玉県（さいたま市）	60
3	山形県（山形市）	4.2	栃木県（宇都宮市）	13	山梨県（甲府市）	36	千葉県（千葉市）	62
4	島根県（松江市）	4.9	滋賀県（大津市）	13	神奈川県（横浜市）	38	奈良県（奈良市）	62
5	青森県（青森市）	5	福井県（福井市）	15	宮崎県（宮崎市）	43	香川県（高松市）	64
6	富山県（富山市）	5.2	京都府（京都市）	15	岡山県（岡山市）	44	三重県（津市）	64
7	長野県（長野市）	6.1	新潟県（新潟市）	15	愛媛県（松山市）	46	和歌山県（和歌山市）	68
8	福岡県（福岡市）	6.2	鹿児島県（鹿児島市）	18	兵庫県（神戸市）	46	静岡県（静岡市）	70
9	山口県（山口市）	6.3	沖縄県（那覇市）	21	愛知県（名古屋市）	46	徳島県（徳島市）	75
10	岩手県（盛岡市）	6.3	広島県（広島市）	24	東京都（東京都）	47	高知県（高知市）	75
11	群馬県（前橋市）	6.4					茨城県（水戸市）	81
12	石川県（金沢市）	6.6						
13	宮城県（仙台市）	7.6						
14	佐賀県（佐賀市）	9.2						
15	鳥取県（鳥取市）	9.3						
16	福島県（福島市）	9.3						
		「全国地震動予測地図」（2020年版）より						

弱以上で揺れる確率」は、県庁等所在都市によるもので、これを都道府県の確率と考えます。

この表9を見ますと、震度6弱以上で揺れる確率で、都道府県において、50％以上になるのは11県もあり、衝撃を受けています。50％以上という事は、ほぼ大地震があるといえ、非常に厳しいと思います。

25％から50％でも、10都府県もあり、この中には、日本の中枢といわれる東京都や、大阪府、愛知県があり、更には、神奈川県や兵庫県も入っており、日本の中心都市に、特に大地震が来そうだになっています。

よって、これらの「地震発生危険度」に応じて、早急に耐震化が必要ですので、耐震改修補助率の追加補助を行います。

以上により、「10％から25％までの10府県

は1割を、25％から50％までの10都府県は2割を、50％以上の11県は3割を、追加補助率とします。」

この確率には、「南海トラフ地震」と「首都直下地震」の発生確率が、大きく入っており、「2割、3割の追加補助率の都府県では、10年以内の耐震化完成が望ましいです。」

以上が「建築物耐震化の早期完成への（第2回目耐震改修計画その1、その2）」案です。

この「第2回目耐震改修計画その1、その2」案をやり切ってしまえば、その効果は非常に大きく、日本において悲願ともいえる、地震を克服することができます。

chapter

7

「耐震改修」をCO_2削減項目にして日本と世界の耐震化を完成させよう

■「耐震改修」をして、百年住宅・建築にする

「耐震改修」をする建築物は、阪神大震災で明確になったように、1981年の新耐震基準以前の建築物が対象です。よって、**すでに43年以上の経過をしている建築物になります。その建築物を「耐震改修」すれば、耐震強度は新築建物とほぼ同等の強度になり、震度7でも、倒れなくなり、後、50年以上の耐用年数が十分あります。**

さらには、「耐震改修」で、その建築物の傷みやすいところ等の弱点がわかり、その点について注意しながら、メンテナンスを行うことができます。

よって、それらのことより併せて、百年建築にすることができます。

私は、日ごろ、木造住宅の耐震改修の診断・改修設計・工事監理を行っています。その対象住宅

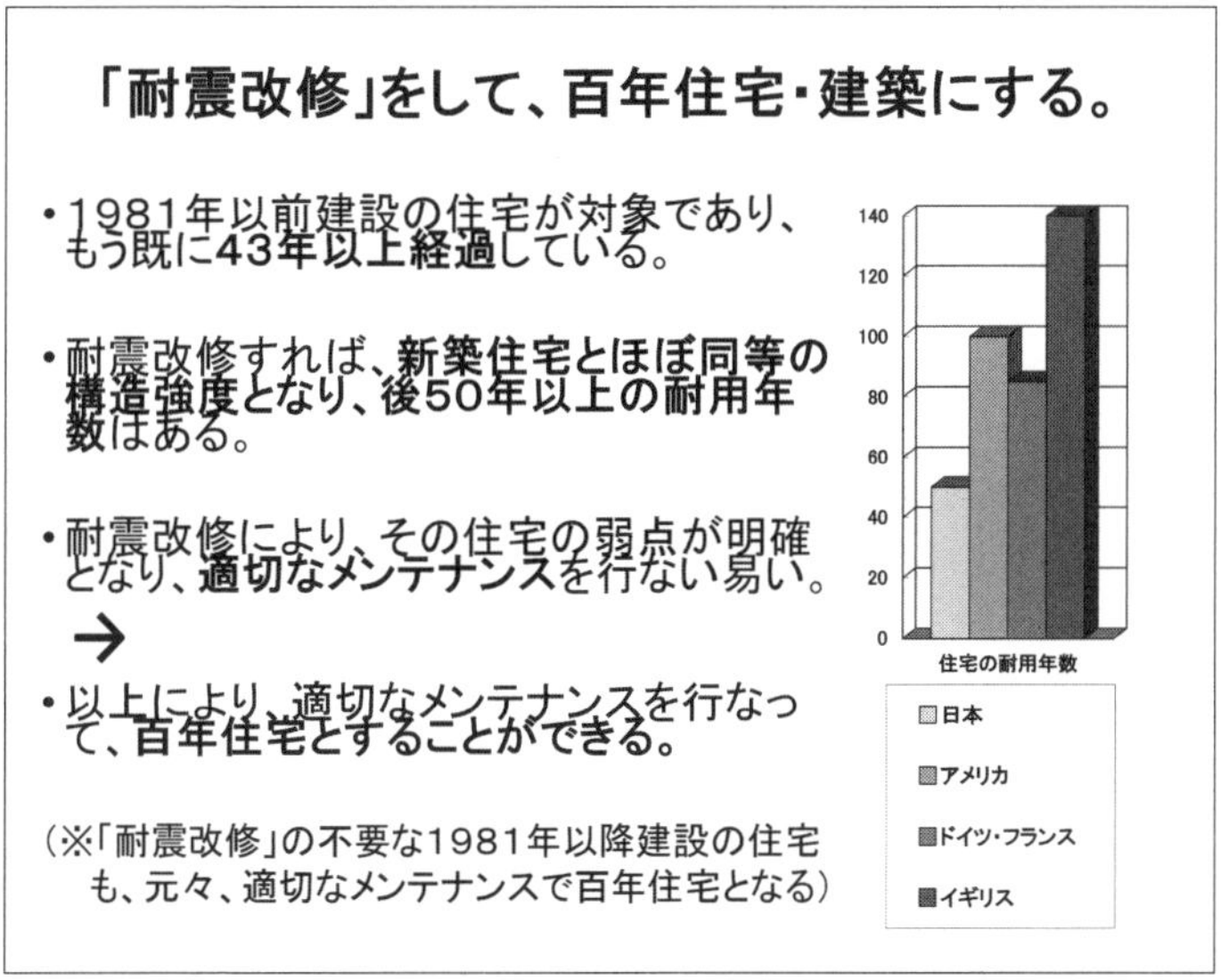
「耐震改修」をして、百年住宅・建築にする。
・1981年以前建設の住宅が対象であり、もう既に43年以上経過している。
・耐震改修すれば、新築住宅とほぼ同等の構造強度となり、後50年以上の耐用年数はある。
・耐震改修により、その住宅の弱点が明確となり、適切なメンテナンスを行ない易い。
→
・以上により、適切なメンテナンスを行なって、百年住宅とすることができる。
（※「耐震改修」の不要な1981年以降建設の住宅も、元々、適切なメンテナンスで百年住宅となる）
140
120
100
80
60
40
20
0
住宅の耐用年数
日本
アメリカ
ドイツ・フランス
イギリス

の天井裏や床下の木造軸組みを検査していますが、木造軸組みは、水に濡れていなければ、新築時とほとんど変わらない状況で、十分百年建築になります。

住宅の日本と欧米での現在の耐用年数を、棒グラフにしています。日本は、約50年で、アメリカで約100年、ドイツとフランスで約80～90年、イギリスで約140年となっています。

欧米では、ほぼ百年住宅になっていて、現在は、日本のみが半分の50年になっています。

ここでは、「耐震改修」をすることにより、百年住宅にするとしていますが、**「耐震改修」の不要な1981年以降に建設された住宅は、もともと、耐震強度はあり、これもメンテナ**

百年住宅・建築の意義

・日本建築学会の「建物のLCA指針」（2006.11）にて、「新築建物で LCC$O_2$30%削減、耐用年数3倍延伸を目指すべき」とされているのに、**「耐用年数3倍延伸」が、現在CO_2削減項目で抜けている。**

・日本も戦前までは、百年住宅であった。

➡

・百年住宅が、本来の住宅であった。

① 耐用年数が延び、**大きなCO_2削減**となる。

② **経済的余裕**が生まれる。（借金が少ない）

③ 3世代を繋ぎ、**真**に**豊かな住宅**となる。

➡ **豊かな居住環境になる。**

ンスを適切に行えば、十分、百年住宅になります。現在、50年で建て替えや廃棄しているのは、戦後のバラック住宅から続く勝手な判断であり、十分、百年住宅・建築になる貴重な宝物として、リニューアルしながら使っていけば良いものです。

■百年住宅・建築の意義

２００６年に日本建築学会で「建物のＬＣＡ指針」が発表されています。ＬＣＡ（ライフサイクルアセスメント）というのは「ライフサイクル（ある対象物が生まれてから消えるまでの過程）での環境負荷を定量的に評価するということ」で、具体的には「建築の設計・建設・運用・解体処分であるライフサイクルでの、温暖化・資源消費・廃棄物対策のための評価」で、その指針です。**その計算検討の結果として「新築建物でLCCO$_2$（ライフサイクルCO$_2$）30％削減、耐用年数3倍延伸を目指すべき」となっています。**

現在、国のCO$_2$削減対策としては「新築建物でLCCO$_2$削減」は取り組まれていますが、**「耐用年数3倍延伸」が抜けています。耐用年数を延ばすことにより、新築建設を大きく減らし、これによるCO$_2$削減が全く取り組まれていません。**

日本と同じく戦争で大きく荒廃したドイツでは、2倍延伸で良いと思われます。3倍延伸となっていますが、その当時は耐用年数が30年、40年といわれていた時代で、現在では、1990年代後半には、新築を制限し、その代わりに、既存建築の省エネ改修推進に方針を変えています。現在の省資源の時代において、日本は20年以上の遅れをとっていますが、**ドイツに倣い、今すぐに新築推進を止め、その代わりに、既存建物の省エネ改修推進、耐震改修推進、改修工事推進に方針を変えて、既存建物は百年建築をめざす必要があります。**

日本も戦前は、百年住宅でしたが、戦後は非常に短く、ようやく約50年になっています。

この50年で建て替えていた住宅が、**百年住宅になるのには、非常に大きな意義があります。**1世代ごとに建てるのではなくなると共に、長期のローンを組む必要がなくなり、**経済的余裕が生まれます。**

また、**3世代くらいで繋いでいけば良いので、豊かな大きな家になります。**例えば、民家や町家

百年建築は真のCO_2削減

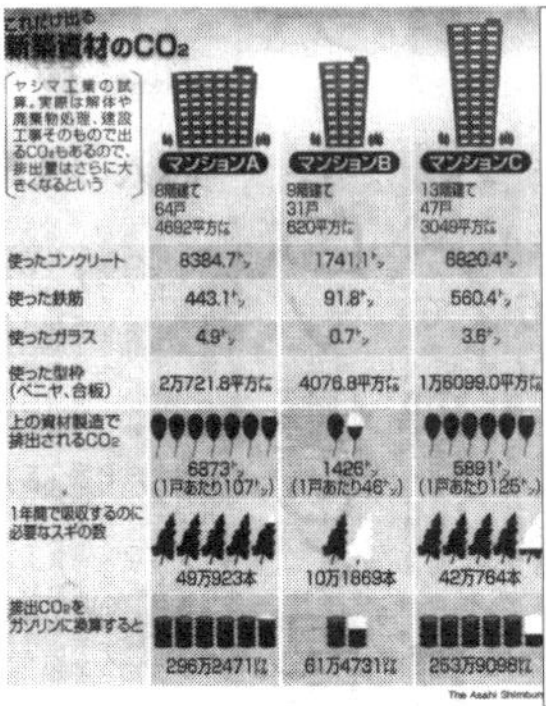

CO_2の量
（建設時）
（ヤシマ工業
試算
朝日新聞
2008.7.8）
0．73t／1t
1．5t／1t
1．0t／1t
0．001t／㎡
1戸当り平均
106t／1戸

1㎡当り平均
1．62t／㎡

ガソリンでは
698ℓ／㎡

現在日本国内の**鉄筋コンクリート造の建物**は、約40億㎡ある。（2008年で）

現在の耐用年数40年の建設時CO_2の年間排出量
1．62億t/年
耐用年数を80年に延ばせば
0．81億t/年の減

日本の削減量は、2013年度（14．08億t/年）の－46％
6．48億t/年の減
0．81億t÷6．48億t＝
12．5％

日本の鉄筋コンクリート造建築の耐用年数を倍にすれば、現在の日本のCO_2削減量の12．5％達成

を見ても、代々、家を引き継いでいます。現代でいえば、一戸建ての中古住宅を買い、「耐震改修」とリフォームをすれば、意外と安く、大きな家に住むことができます。従前世代が建設し、次の世代が住んでいけば良いのです。

現在の少子化の状況では、住宅はどんどん余っていくので、**できれば、隣家を買って庭にし、ゆったりとした庭付きの家にするなど、豊かな居住環境にしていけばと思います。**

少し古い事例ですが、**2008年7月8日付の朝日新聞に掲載されていた記事があります。ヤシマ工業が、耐用年数を倍にした場合の、鉄筋コンクリート造建築物の建設時のCO_2削減効果について、試算されていたので、紹介します。**

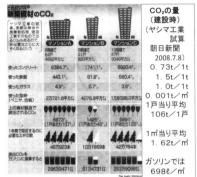

まず、三つのマンションでの使用したコンクリート、鉄筋、ガラス、ベニヤ板の使用量を出し、それぞれを製造するのに、どれだけのCO_2を出すかを調べました。それによると、1トンあたりで、コンクリートは0・73トン、鉄筋は1・5トン、ガラスは1トン、ベニヤ板は、平方メートルあたり0・001トンのCO_2が出ます。

これを掛け合わせることでそれぞれの棟毎のCO_2排出量がわかり、さらには、平均の床面積あたりのCO_2排出量が出ます。それによると、1・62t／㎡になりました。

2008年の算定時で、日本国内の鉄筋コンクリート造の建物は、約40億平方メートルあるとのことです。また、その当時の鉄筋コンクリート造の建物の耐用年数は、約40年でしたので、毎年の建設量は、総面積の40分の1で、約1億平方メートルになります。

よって、1年間の建設時のCO_2排出量は、1・62t／㎡×1億㎡＝1・62億t／年になります。

耐用年数を倍の80年に延ばせば、建設量が半分になるので、1・62億t／年÷2＝0・81億tのCO_2排出量の削減になります。

当時の日本のCO_2削減量は、2013年度のCO_2排出量14・08億t／年のマイナス46％が求められており、14・08億t／年×0・46＝約6・48億tにする必要があります。

よって、0・81億t÷6・48億t＝0・125となり、**当時の日本のCO_2削減量の12・5％達成**

となります。

ただし、これは、建築の使用材料の製造時のCO_2排出であり、後、建設工事を行う時や、解体や廃棄の時のCO_2も減りますので、その分を入れると、さらに**CO_2削減量はかなり増えます。**

■建築物の耐用年数はメンテナンス次第であり、「耐震改修」は、メンテナンスの必須項目になる

パリのエッフェル塔は、パリ万博の目玉として、1889年に建設されました。一時期、取り壊す話もありましたが、電波塔として残っています。**その間、メンテナンスとして、7年に一度、塗装することにより、現在まで135年間健全であり、今後も、パリの観光名所の一つとして、残っていきます。**

このように、適切なメンテナンスを行っておれば、建築物も末永く残っていきます。

世界最古の木造建築物群といえば「法隆寺」ですが、日本最古と推定される民家の一つが、神戸市北区山田町衝原に残っています。

建築物の耐用年数はメンテナンス次第であり、「耐震改修」は、メンテナンスの必須項目になる。

○建築物の耐用年数はメンテナンス次第

・パリのエッフェル塔は、7年に一度塗装で、1889年竣工から、135年になり、今後も残る。

○箱木家住宅（通称　箱木千年家）

・神戸市北区山田町衝原に有り、主屋（おもや）の**建設が室町時代**

・1977年（昭和52年）まで住まう。

・江戸時代に、はなれを増築。

・ダム建設で高台に移転（1979年）。当初柱6本測定で1283～1307。

○「耐震改修」で新築と同等の強度となる。これは、建物の一番の再生であり、メンテナンスの必須項目になる。

箱木家住宅、通称「箱木千年家」で、写真の主屋《おもや》ですが、室町時代の建設です。離れは、江戸時代に増築され、1977（昭和52）年まで住まわれていました。現在は、呑吐ダムの建設により、高台に移設され、神戸市所有になり、離れとも重要文化財の公開施設です。この移設時に、当初の柱6本の放射性炭素年代測定を行った結果、1283年〜1307年（鎌倉時代後期）に伐採された木であることがわかり、建設時期がわかりました。**通称の「千年家」は、「古い家」の意味になり、約700年前に建設され、柱以外には、桁、梁、貫等が、当初部材で残っています。**

常に改修工事をしながら、この住宅は、住み継がれていました。

以上のごとく、建築物はメンテナンスをす

ることにより残っていくもので、**特に「耐震改修」をすることにより、大地震が来ても倒れなくなり、メンテナンスの必須項目になります。**

例えば、教育施設は２００８年より10年程度で、「耐震改修」を終えていますが、令和６年１月の能登半島地震でも、ほとんど被害がなく、その効果を発揮し、「避難施設」に使われています。

「耐震改修」は、メンテナンスで一番必要な必須項目といえます。

日本は、新築優先・大規模再開発の終焉で、空き家、空きビル再生活用のヨーロッパ型建設産業へ

日本の人口は、少子化の影響で、将来予測として現在の推移のままでは、２０２０年で1億２６１５万人が、２０７０年では８７００万人に、２１００年には６２７８万人と、半減するといわれています。

これに伴い、住宅やその他の施設も、余ってきます。例えば、**住宅ですが、２０２４年時点で、約９００万戸の空き家があり、全体の13・８％にもなっています。**これから20年ほどで、世代別で人口の最も多い団塊の世代が亡くなっていくため、さらに多くの空き家が発生していきます。

それにもかかわらず、都市近郊で相変わらず、小さな家を新築していますが、まったく、残念です。

すぐにでも、ドイツに倣い、新築推進政策を止め、既存住宅の再生活用にかじを切る必要があります。

日本は、新築優先・大規模再開発の終焉で、空き家、空きビル再生活用のヨーロッパ型建設産業へ。

・**将来推計人口**　12615万人(2020年)→8700万人(2070年)
　→6278万人(2100年)　**半減する。**

・日本の**空き家約900万戸、全体の13.8%**(2024年にて)
　・いかに質を良くするかの時代・・・**新築推進政策不要。**
　・既存建物のリフォーム・リニューアル・温暖化対策等の時代へ
　・**「耐震改修」は、再生活用の必須条件で、最優先**で行う。

・都心の**大規模再開発は、完成時期を迎え、これで終焉。**
　・2002年に「都市再生特別措置法」(公共貢献で容積率大巾アップ)の再開発の完成時期・・・・**事務所スペース等過剰。**

➡

・**既存建物の再生活用とわずかの新築・・・ヨーロッパ型へ**
　・これへの起爆剤は、**「耐震改修」の強力推進**になる。

最近では、上記の兆しが、具体的に表れてきていて、**一つは、大手住宅建設会社がアメリカに進出していることです。**「大和ハウス工業」が、アメリカの戸建て住宅建設企業を買収し、さらには、「積水ハウス」も同じく、非常に大きな会社になっています。全米5位の住宅建設会社になっています。日本国内の住宅市場を見限っています。

また、**一方、リフォームの分野では、空き家を買い取り、リフォームを施して再販する会社も多くなってきています。**大手の「カチタス」は、全国に店舗を持ち、神戸市内の明石に近い店舗の事例では、駅からかなり離れた駐車場付き一戸建て中古住宅を買い取り、内装と水回りを改修し、1000万円台の手ごろな価格で売り出しています。

さらには、中古物件をその人の暮らしに合わせてリノベーションして快適空間にする、しかも、専属のライフスタイルコーディネーターが施主の要望を聞き、物件探しから、リノベーションまでワンストップでしていただける「リノベる」が急成長しています。中古物件に、より高い再生価値を生み出しています。

ただ、現在のリフォーム企業では、一部を除いて、必ず「耐震改修」を行うところまでできていません。それは、購入者の意識がそこまでいっていないのと、「耐震改修」の技術力と費用が若干ネックになっています。

それでも、国の補助制度のある住宅では、住友不動産の「新築そっくりさん」が、これまでの実績16万棟で、群を抜いています。新築建設の50～70％の費用で、木造住宅の内外装を取り除き、木軸組にして「耐震改修」をし、施主の要望を踏まえて間取りも変更して、新しく水回りや内外装を一新して、新築並みに大規模リフォームするものです。

現在の木造住宅の「耐震改修費用」は、「はじめに」で書いたように、全国平均で、約230万円であり、補助金も、ほぼ約100万円程度はあり、平均約100万円程度の非常に安い持ち出しでできるものです。このような状況を見越して、「カチタス」方式で、「耐震改修」済みを強力にアピールする事業者が、出てこないものかと期待します。

以上、あくまで、現在の兆しを書いていますが、今後、「耐震改修」の国の補助制度が再度整備されれば、「教育施設」の耐震化のように、全国で「耐震改修」が、一大建設工事になっていくも

のと思います。

現在、東京を中心として、都心の大規模再開発が徐々に完成してきています。これは、2002年に「都市再生特別措置法」が制定されました。この法律では、道路や広場等の公共スペースの設置貢献により、都心での容積率を大幅に上げても良いという事になっており、民間開発を促進するものです。その民間再開発が、東京等では、次々と完成しつつありますが、その反面事務所スペース等は、かなり過剰になってきています。

さらには、近年の資材費、建設作業員の労働時間整備等による労務費の高騰もあり、建設費が非常に高くなっています。このため、**現在、大規模再開発の設計中の物件では、設計内容の縮小変更や、取り止めも出てくる等の事業の見直しが相次いでいます。**

この20年の間に、コロナがあり、テレワークで必ずしも都心に事務所を設ける必要はなくなり、さらには、温暖化対策で、都心に過密に事務所を構えるのが、本当に良いのかどうか、疑わしくなっています。さらには、再開発しやすい所は20年前に、すでに始めていて、**もうできそうなところは、ほぼなくなって、大規模再開発が終焉を迎えています。**

これからは、都市においては、建てる事ばかりでなく、むしろ、間引くような、より住みやすくするヒートアイランド対策を行う時期になっています。

以上の日本の状況を踏まえますと、日本も、「既存建物の再生活用とわずかの新築」を行うヨーロッパ型に、建設産業は取り組んでいく必要があります。

その取り組みの起爆剤は、「南海トラフ地震」と「首都直下地震」等の危機に対応する**「耐震改修」ではないかと思います。**ここ20～30年間で、「耐震改修」を終え、安全な建築環境にして、日本文化を守り、既存建物の再生活用で、より豊かな建築空間を増やしていければと思います。

■「耐震改修」を真のCO_2削減の評価項目に

現在、建築界では、「中・大規模建築物の木造化」が取り組まれています。これは、木材が再生可能な資源であり、さらには大気中のCO_2を固定する事から、鉄筋コンクリート造や鉄骨造とは違い、建設時のCO_2削減になり、日本の林業の活性化にも貢献します。

写真の「兵庫県林業会館」は、竹中工務店設計のCLT木材を壁と床に使用した、鉄骨と木の混構造の建物です。CLT木材は、「**直交集成板**」といい、ひき板を並べた後、繊維方向が直交するように積層接着した木質系材料で、厚みのある大きな板です。建築の構造材の他、土木用材、家具などにも使用されています。

以上のように、**今後は「中・大規模建築物の木造化」をすることにより、建設時のCO_2削減を目指しています。**

「耐震改修」を真のCO_2削減の評価項目に

兵庫県林業会館
CLT木材を壁と床に使用した、鉄骨との混構造。

□現在、建築界では中・大規模建築物の木造化が取り組まれている。
→木材は大気中のCO_2を固定する事より、地球温暖化防止と森林保護の立場からCO_2削減に大きく寄与する。

□「耐震改修」することにより、耐用年数が伸びる。→ 新築建設と解体撤去が減。
CO_2の全排出量の内、約1割が建設関連であり、それを大きく減らす。
→「真のCO_2削減」の評価項目に

※現在のCO_2削減の評価項目は、真に効果のある項目が抜けている等、評価項目を見直しても良いのでは。

一方、「耐震改修」することにより、「百年住宅・建築」になり、耐用年数が倍になるので、建設と廃棄の速度が半分になり、CO_2が削減されます。さらに、地震があっても、「耐震改修」しておれば、地震被害が軽微で済み、改修工事が不要になって、CO_2削減になります。**よって、「耐震改修」は、真のCO_2削減の評価項目になります。**

さらには、既存建物のリニューアルを、「耐震改修」を起爆剤として、劣化改修や省エネ改修やバリアフリー改修等をしながら、耐用年数を増し、「百年建築化」を進めていく必要があります。

CO_2の全排出量の内、約1割が建設関連ですが、それを新築の「建築物木造化」と合わせて、「耐震改修」においても、建設時のCO_2

削減になります。これは、省資源にもなる、真のCO_2削減になります。

以上より、「中・大規模建築物の木造化」と呼応して、「耐震改修」も建設時と廃棄時のCO_2削減の一項目に入れて取り組むべきと思います。

■今、脱炭素の取り組みに、新ビジョンが見えてきている

CO_2削減の現状を調べている中で、**ごく最近、画期的発見があったことが述べられていました。**

それは、イギリスのイザベラ・トゥリー著作、三木直子訳の『英国貴族、領地を野生に戻す』【原題『WILDING』2018年出版、訳本は2020年出版（築地書館）】という本で、全英のベストセラーになり、「環境保全、勇気、ビジョン、奇跡の物語」と報じられています。

かつて、農薬で鳥や虫がいなくなると1962年に出版し警告した、レイチェル・カーソン著作の『沈黙の春』に匹敵する世界的な一冊ではないかと思います。

イギリス南東部、ロンドンの南約70キロメートルにある領地1400ヘクタールのクノップの土地を2002年より、農業の経営破綻から、農地化前の状態に戻す「再野生化」のプロジェクトを始めています。そして、シカやポニーやウマやブタやビーバーを放したら、**15年程度で、絶滅危惧種が次々に復活し、再野生化しています。**

それを多くの科学者が調査研究し、自然における土壌の素晴らしい性能が明らかになっています。

今、脱炭素の取り組みに、
新ビジョンが見えてきている。

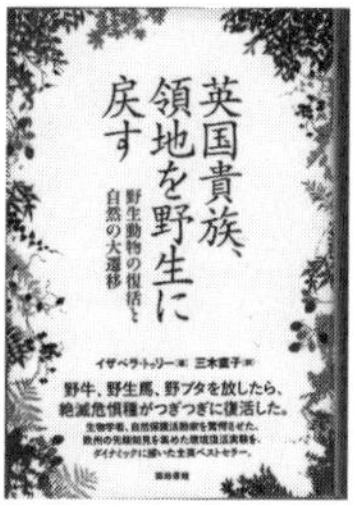

・**「英国貴族、領地を野生に戻す」**では、英国の1400haのクノップの土地を、2002年から、自然に主導権を手渡す「再野生化」を行ったところ、地球環境を改善できる可能性が明らかになった。
→ 自然の摂理の中で、あっと言う間に**生物多様性が戻り、土壌中に大量の炭素が貯蔵されること**が解った。
→ ① **農地における「4パーミル・イニシアチブ」**が始まる。
2015年の気候変動締約国会議にて、フランス政府より。
② 世界中の**劣化草地50億haを正常な生態系に復元できれば、大気中のCO_2を年間100億t以上、土中に貯蔵。**
・・・禿山、荒れ地、砂漠の緑化を、
イギリスでは、土地の4．5%、領海の30%再野生化目標
（→2022年　**生物多様性条約締約国会議で「30by30」**）

近代農業は、土壌の良さを生かすことなく、むしろ、弱めているとのことです。

土壌の素晴らしさという事で、訳者もあとがきで指摘されていますが、CO_2削減について、2点を挙げています。

①として、「土壌中に含まれる炭素の量を、劣化した農地で復元・改善することによって、年間わずか0・4%増やせば、1年に増加する大気中のCO_2を吸収できる。」とあり、これにて、2015年にフランス政府の提案で、「4パーミル・イニシアチブ」（パーミルは0・1%でイニシアチブは、計画、戦略、先導の意味）が始まり、日本を含む多くの国と国際機関が参加しています。日本においては、山梨県が先行し、東京や神奈川県等多くの都県が参加し、新たな付加価値によるブランド化等、取

り組み始めています。

②**として、「世界中の劣化した草地50億ヘクタールをきちんとした生態系に復元できれば、大気中の余剰CO_2を年間１００億トン以上地上のカーボンシンクに戻せる」と書かれています。**１００億トンは、２０２０年の世界のCO_2排出量約３１４億トンの約３分の１にあたり、これが実現できれば、巨大なCO_2削減になります。

以上のごとく、土壌が正常な状態に戻れば、巨大な量のCO_2が蓄積されることが発見されていますが、具体的には、土壌が健全であれば、大気の2倍、植生の3倍もの多量のCO_2を蓄積できることがわかっています。

イザベラ・トゥリー夫婦は、２０１５年に慈善団体「リワイルディング・ブリテン」を設立して、イギリスの土地の４・５%、領海の30%の再野生化に取り組んでいます。

これらの動きもあり、**世界では、カナダのモントリオールでの、２０２２年の生物多様性条約第15回締約国会議にて、「サーティ・バイ・サーティ（30 by 30）」が採択されています。「30 by 30」とは、「２０３０年までに地球の陸・海それぞれの30%の面積を保全する。」という目標の事です。**これは、効果的に自然の劣化を防ぐためには、まずは自然が適切に保全されている場所を一定面積以上、維持することが必要だという考え方に基づいています。

日本では、国立公園などの保護地域により、現在、陸域約21%と海域約13%を保全しています。

これをさらに伸ばすため、企業などによる生物多様性を守る取り組みを認定する「地域生物多様性増進活動促進法案」を制定しつつ、企業などの民間の取り組みも含めて、取り組み始めています。

日本が思想的に先行していたが、現代は、世界における農法の転換期か？

農学者の福岡正信氏が、1975年の早い時期に、『「自然農法」わら1本の革命』（春秋社）を出版しています。「自然農法」とは、不耕起（耕さない）、無肥料、無農薬、無除草の農法で、実践の中から書かれています。世界二〇数カ国で翻訳され、「アジアのノーベル賞」といわれる「マグサイサイ賞」等を受賞しています。**この「自然農法」は、日本では、広く普及はしていませんが、世界では多くの試みが生まれています。**

また、種子を混ぜ込んだ粘土団子による砂漠緑化を、ケニア等十数カ国で行っています。

世界的な流れの中で、**日本も農林水産省は、2006年から有機農業推進に取り組み、現在、**有機農業の農地が今はまだ0.6％ですが、**2050年までに、これを25％に拡大する計画です。**ただ、なかなか伸びない状況です。

欧州においては、有機農業の農地は、7％まで伸びてきており、徐々に伸びています。ただ、収量が慣行農法に比べて、40〜80％程度で少なく、価格も高くなっています。これを、慣行農業程度

日本が思想的に先行していたが、現代は、世界における農法の転換期か？

○福岡正信氏が1975年に「自然農法わら1本の革命」出版
・世界20数か国で翻訳され、マグサイサイ賞等を受賞
・不耕起、無肥料、無農薬、無除草の「自然農法」を提唱するが、日本以外で発展し、日本は、遅れている。
・ケニア等10数か国で粘土団子による砂漠緑化を試みた。

○日本の農林水産省は、2006年から有機農業推進で、農地面積を2050年までに、今の0．6%から、25%に拡大計画
・欧州では、7%まで拡大しているが、収量が慣行農法の40～80%で少なく、高価が問題。今は生物多様性の不耕起へ。

○金子信博氏が、**2023年に「ミミズの農業改革」**出版
・ミミズが育つ不耕起で、農業改革ができないかの提案書
・ミミズ等生態系にて、窒素や炭素等の増加で改善できないか

○土壌は、大気の2倍、植生の3倍もの多量炭素蓄積が解る。
→　種々の農地での「4パーミル・イニシアチブ」を推進する。
・2022年に、農研機構では、主要作物で、世界の農地における土壌炭素量の増加に伴う環境保全効果を定量的に推定した。
土壌炭素量127．8億t増加、無機窒素肥料の582万t節減等

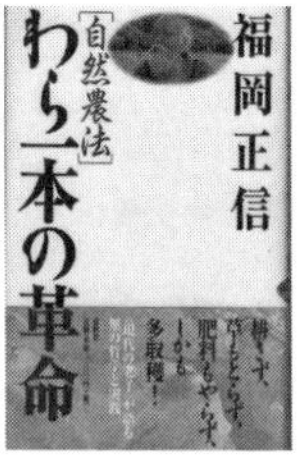

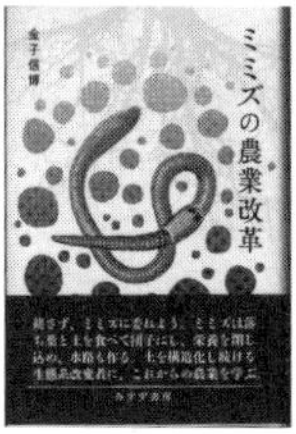

まで、引き揚げられないかと、試行錯誤が続いています。その中で、生物多様性を生かした不耕起栽培が注目されています。

専門は土壌生態学の福島大学食農学類教授、金子信博先生が、2023年に『ミミズの農業改革』（みすず書房）を出版しています。読売新聞に書評があり、読ませていただきましたが、現代は、世界における農法の転換期ではないかと、現在の各種農法の説明と共に、ミミズが育つ不耕起栽培を提案しています。

一度、鍬を入れるとミミズがいなくなり、不耕起であれば、ミミズを中心に多様な生物が住み、土壌にCO_2を非常に多く蓄え、土壌窒素を無機化して植物が吸収できるようにする等の機能を取り入れたこの不耕起栽培という農法を、日本の風土に合わせて確立したいと取り

組み始められています。

欧米ではすでに不耕起栽培が普及しており、世界最大のトウモロコシ産地であるアメリカでは広く導入されています。世界的な小麦の一大産地であるEUでも、資源・エネルギー低投入型農業への転換を目指す中で、不耕起栽培が推奨されているとのことです。

ただ現実は、慣行農法の栽培技術は生産性がかなり高く、不耕起栽培での栽培技術が追い付いていない状況です。よって、まだまだ慣行農法が広く行われており、せっかくの土壌におけるCO2蓄積が生かされていません。そういった中で、**世界では、どんな農地でも少しずつ取り組める「4パーミル・イニシアチブ」を推進していこうということになっています。**

2022年に、農研機構（**国立研究開発法人　農業・食品産業技術総合研究機構**）**では、主要穀物6種**（**トウモロコシ、コメ、コムギ等**）**について、世界の農地における土壌炭素量の増加に伴う環境保全効果を定量的に推定しています。**

増収効果が見込める範囲内では、最大で世界の農地の土壌炭素量を127・8億トン増加でき、この増加により、穀物生産を3825万トン増加し、世界の平均気温上昇を0・03度抑制、無機窒素肥料の投入量を582万トン節減できると推定しています。

近年、数量的な研究が進んできています。

『農業が温暖化を解決する！』という画期的なタイトルの本が、２０２４年6月に出版されています。翻訳家で環境ジャーナリストの枝廣淳子著作で、岩波ブックレットによるもので、農業のあり方を大きく変えることにより、温暖化が解決できると書かれています。

本の内容は、世界全体の温室効果ガスの11・9％が農業分野からの排出ですが、これを減らしていく動きと共に、**「リジェネラティブ農業」（日本では「環境再生型農業」といわれる）が、アメリカその他、世界に急速に広がりつつあることが述べられています。これは、「土壌の炭素含有量を回復することで、土の健康を継続的に改善、再生する農業**で、「自然農法」の考え方といえるものです。

主なリジェネラティブ農業のやり方としては、①不耕起栽培、②被覆作物の活用、③輪作、④合成肥料の不使用、⑤堆肥の投入、⑥ローテーション放牧、⑦アグロフォレストリー（森林農法）、⑧シルボパスチャー（林間放牧）等があり、これらによって土壌に炭素が大量に隔離できる農業「カーボン・ファーミング（炭素農業）」が可能となります。

「カーボン・ファーミング」のもう一つの取り組みとして、「バイオ炭」が世界で取り組まれ始めています。

「バイオ炭」とは、バイオマス（木や竹、穀物の茎等）を低酸素または無酸素状態で蒸し焼きにしたものです。これを土に入れると、土壌の健全性を高めるだけでなく、微生物やミミズなどでもほぼ分解ができないため、炭素を何百年も固定化することができるものです。よって、温暖化防止の切り札の一つとして、注目され取り組まれています。

以上のごとく脱炭素に向け、世界では様々な取り組みが進められていますが、日本では、かなり遅れています。

■世界中の劣化草地50億ヘクタールを正常な生態系に復元して、年間100億トン以上CO_2削減へ

人類の歴史を見ると、文明のあった、エジプト、メソポタミア、黄河、インダス川、地中海等では、当初は森林がありましたが、燃料などで使い尽くし、禿山や砂漠にして、文明は滅んでいます。今も少しずつ森林がなくなっていますが、その速度は遅くなっています。**地球環境改善のため、これを反転していかなければならない時期になったと思います。**

神戸の六甲山（写真17）も、明治の初年には禿山でしたが、1902年、明治35年から緑化事業を始めて、現在の緑豊かな六甲山になっています。日本では、明治初年頃には、都市近郊の多くの山が禿山で、その後、緑化しています。

世界中の劣化草地50億haを正常な生態系に復元して、年間100億t以上CO_2削減

○文明後の砂漠化を緑化する。

- ・神戸の六甲山も禿山で、明治後期に植林。
- ・スイスの森も、一度喪失し、人工的に復元。
- ・EUがアフリカで、8000キロ緑化のGGWを。
- ・台湾で八田與一氏が、烏山頭ダム建設。
- ・アフガニスタンで中村医師が用水路整備。

○「ブルーカーボン」の取り組み

- ・国内の海藻・海草に吸収・固定されるCO_2削減、2022年算定、約36万t。
- ・藻場の全国調査、藻場の育成、磯焼けのメカニズム解明

○自然を復元する事により充分CO_2削減は可能。

・「地球環境再生をめざしたCO_2削減の評価項目に変更を」

東京大学教授石弘之先生の書かれた『世界の森林破壊を追う』（朝日選書）**に、スイスの森林再生の事が載っており、**引用させていただきます。

スイスは、19世紀後半には、森林面積の8割以上を失い、森林は国土の15%までに縮小しています。このため、洪水や山崩れや雪崩が頻繁に起こり、1876年に「連邦森林政策法」ができ、公有地だけでなく私有地にも拡大して、1902年の改正で、「皆伐禁止」と「持続的生産」の二大森林保護原則を決めています。これで、**世界で最も早く、政府が総合的な森林保護に乗り出し、現在までに、約60万ヘクタールから120万ヘクタールへと倍増しています。**この時、単に植林をするのでなく、本来の景観を、どうしたら取り戻せるのかという生態学を駆使して森林を再生

写真17. 神戸の六甲山（再度山部分）での植林施工中（神戸市文書館提供）

しています。

２０２４（令和６）年2月3日付けの朝日新聞に、**「『緑の長城』アフリカの挑戦」**として、**『温暖化が進むサハラ砂漠南部のサヘル地域に木々を植え、「緑の長城」をつくる――。サヘルでは、東西約8千キロにわたる「グレート・グリーン・ウォール（G.G.W）」構想が進んでいる。』**（太字は筆者による）と、G.G.Wを解説しています。更に、『アフリカから押し寄せる移民の問題や、現地での過激派組織の台頭に頭を抱えるのが欧州諸国だ。これらの問題の解決策として、G.G.Wの支援に重点を置く。

多くのサヘル諸国の旧宗主国であるフランスのマクロン大統領は21年1月、気候変動をめぐる国際会議で国連や世界銀行などと共に、GGW構想を加速させるために１４３億ドル（約

2兆970億円）を支援すると表明。また、欧州連合（EU）は21年11月、毎年7億ユーロ（約1110億円）の支援をすると発表した。』そうして、取組まれているが、『**国連によると、G.W.は当初、総額80億ドル（約1兆1730億円）を投じて、植林する構想だった。30年までに1億ヘクタールの荒れ地を緑にし、その過程で1千万人の雇用を生む。年間2億5000万トンの炭素を吸収することを見込む。**（太字は筆者による）

だが、構想は想定通りに進んでいるわけではない。予算は想定外に膨らみ、開始から15年が過ぎたが、全体の「15％ほどしか植林はすすんでいない」（オマル氏）とみられる。』と書かれています。厳しい状況のようです。

台湾が日本の植民地であった1920（大正9）年から1930（昭和5）年に、日本人技術者八田與一氏により策定された烏山頭ダムが完成しています。このダムは、アメリカのフーバーダムが完成するまで世界最大のダムでしたが、**華南平原の農業灌漑を主目的に建設されたものです。多くの農地が生まれ、台湾の方々に後々まで感謝されています。**

アフガニスタンの地で、中村哲医師は、どこまでやってもきりのない絶望的な医療支援から、用水路建設の灌漑事業により、人々に灌漑工事の仕事を与え、さらには、砂漠の大地を農地に変えて、生活できるようにしています。これまでで、約2万3800ヘクタールが、砂漠から農地になっています。農地を耕してきちんとした生活ができることが、地域の紛争を終わらせるという事を、見抜いていたのではないかと思います。

２０２３（令和５）年12月3日の朝日新聞によると、『今年は、アフガン全土への普及に向け、ＪＩＣＡ（国際協力機構）が約13億円の無償資金協力の契約を国連食糧農業機関（ＦＡＯ）と結んだ』とのことです。

これは、アフリカのＧ．Ｇ．Ｗ構想と同様に、日本のアフガニスタン紛争問題解決への国際貢献として、さらにはCO_2削減の非常に大きな効果があり、世界が待ち望んでいる事と思います。

日本は、２０１４年から始まった「世界かんがい施設遺産」の２０２３年11月時点で、登録数が51件であり、世界全体の１６１件の約３分の１近くに達する一番の施設数です。ちなみに、２番は中国で34件、次はインドで18件、スリランカ12件と続きます。日本は、かんがい施設づくりの素晴らしい技術力を持っています。

今後は、CO_2削減の日本の重要な項目として、さらに大きく取り組めればと思います。

以上のごとく、多くの先人のご努力により、劣化草地を正常にしています。現在は、それがCO_2削減の大きな効果になる事がわかっています。これらの事例のごとく、やる気を出せばできることで、これこそ真に必要なCO_2削減かと思います。

「ブルーカーボン」の取り組みは、ようやく始まったところですが、海藻や海草も、森林等と同様に、CO_2を吸収します。政府が2022年度に、国内で海藻や海草に吸収や固定されたCO_2量を、約36万トンと世界で初めて、算定しています。

一方、2021年度における森林のCO_2の吸収量は、約4760万トンであり、森林が今後、老化していくので吸収量が減退し、2030年には、「ブルーカーボン」の割合が1割になるという試算もあるとのことです。**今後はさらに、藻場の育成など、「ブルーカーボン」を活用した脱炭素化の取り組みが必要です。**

以上、見てきたごとく、自然を復元する事により、多大のCO_2が吸収や固定されることがわかってきています。これは地球環境を再生する事であり、それが強く望まれています。これは、地球環境を再生することができれば、CO_2削減がほぼ達成できるようになることにより、CO_2削減自体も、地球環境改善の一つの項目になるのかも知れません。

よって、これまで取り組んできたCO_2削減項目を見直し、可能な限り「地球環境再生をめざしたCO_2削減」の真に必要な評価項目に、変えていくことが必要と思います。

■「地球環境再生をめざしたCO_2削減の評価項目に変更」の構想案

これまで検討してきましたが、**地球環境を再生することにより、非常に多くのCO_2削減が可能であることがわかりました。よって、現在のCO_2削減の実施項目を、できるだけ「地球環境再生をめざしたCO_2削減」の評価項目になるよう考えてみました。**

その第一グループは、「地球環境再生」を中心としたもので、特に持続性が高く、効果の大きいものです。

まず、「自然の復元」で、「劣化草地・砂漠の緑化」での緑地化や農地化が一番必要です。そのための取り組みとして「**灌漑用水事業**」、および海の「**ブルーカーボン事業**」等があります。さらには、農地での「**4パーミル・イニシアチブ**」、最近、取り組まれ出している「再野生化」や「生物多様性」の「**サーティ・バイ・サーティ（30 by 30）**」もあります。これらはかなり取り組まれ始めており、中国では特に「緑化事業」がかなり進んでいます。

温暖化の大きな被害の一つとして、都市の気温が周辺と比べて数度高くなる「**ヒートアイランド現象**」があり、この対策をしていく必要があります。これを行うと、最も、その都市の気温を下げる効果が、具体的に表れるものです。

東大教授の斎藤幸平氏の著書『人新世の「資本論」』の328ページに、**2020年発表の「バル**

「地球環境再生をめざしたCO_2削減の評価項目に変更」の構想案

CO_2削減（地球環境再生）を正確に計算して、真に必要な項目にする。

＋100　・**自然の復元**（劣化草地・砂漠の緑化、灌漑用水事業、ブルーカーボン事業、農地の4パーミル・イニシアチブ、再野生化・生物多様性「30by30」事業等
・**都市のヒートアイランド対策**
・各種防災対策（無駄なCO_2排出を無くす）
・**例：耐震改修（災害での復旧工事を無くす。耐用年数を延ばす。）**
・戦争回避対策（無駄なCO_2排出を無くす）
・大量生産、大量廃棄をやめて、省資源化を図る。
・全ての耐用年数を増す。（リフォーム、リユース等、良いものを永く使う。）

＋80　・原子力発電
・LED電球化、その他各種取り組み

＋30〜40　・太陽光発電、風力発電（低効率で省資源でなく効果が低い）
・車のEV化（省資源でなく効果が非常に低い。車の問題未解決）

−100　・戦争
・各種災害被害

セロナの気候非常事態宣言」が取り上げられています。これは市民がバルセロナにおいて、CO_2排出ゼロをめざすもので、240項目以上もあり、都市公共空間の緑化、電力や食の地産地消、公共交通機関の拡充、自動車や飛行機・船舶の制限、エネルギー貧困の解消、ごみの削減・リサイクル等々が挙げられています。**このように、取り組み方は多様であり、今後は、全ての都市で、取り組みを強める必要があります。**

無駄なCO_2排出をなくすため、「各種防災対策」が必要で、例えば、**「耐震改修」は、地震災害での被害がほぼなくなって復旧工事が不要になり、そして建物の耐用年数を延ばすことになります。**

無駄なCO_2排出をなくすこととして、**「戦争回避対策」**も重要と思います。そろそろ戦争で、

あらゆるものを破壊して、極端にCO_2排出を行い、大量のCO_2発生を行う責任も追及する必要がある時代になったように思います。

さらには、製造業全般にいえることですが、**大量生産、大量廃棄を止めて、全ての物の耐用年数を増す必要があります。**リフォームやリユース等、かなり取り組まれていますが、さらに伸ばしていくことが必要です。また、良い物を長く使っていく世の中に、変えていく必要があり、省資源の取り組みが必要です。

以上の項目は、例えば「六甲山」や「スイス」のように、一度緑化すれば維持保全は必要ですが、ほぼ、持続しています。「耐震改修」も一度すれば、ほぼ永遠に効果は続くように、持続可能性の高いものです。

可能な限り、今後は、この第一グループの「地球環境再生」の取り組みに合わせて行うCO_2削減を、重点的に推し進めていきたいと思います。

次に第二グループですが、「原子力発電」や「LED電球化」等、「地球環境再生」とは直接関係のない、技術開発によるCO_2削減項目です。さらに今後も、様々な技術が発明されていくものと思います。

第三グループは、これまでメインで補助金をつぎ込んできていますが、CO_2削減効果があまりにも低すぎると私は思います。こんな事ばかりやっていても、ほぼ効果は上がりません。

「**太陽光発電**」と「**風力発電**」については、太陽と風任せの不安定電源で、必ずバックアップ電源が必要であるとか、耐用年数も20年くらいで短く、生産と廃棄時のCO_2発生と資源消費を考えると、少しのCO_2削減ではないかと思われます。最も進んでいるドイツを見ても、気温を下げる効果はほぼなく、電気代のみが高騰して困っています。よって、削減効果の低い項目としています。

また、「**車のEV化**」については、これ自体では、まったくエネルギー削減にならず、CO_2削減になっているかどうかも疑問です。むしろ低燃費のハイブリッド車のほうが、CO_2削減に貢献しています。EV化は将来的には必要でしょうが、もっとやるべきことがあるように思います。

私が学生時代の1970年頃、日本では、交通事故死は年間約1万人、1日では約27人が死亡する交通戦争といわれていました。それが現在では、各種対策のおかげで、令和4年では3216人(30日以内死者)で、それでもまだ、1日に約9人亡くなっています。これが世界になると、年間約135万人、毎日約3700人も亡くなっています。後進国ほど死亡確率が高い状況で、日本の数倍になっています。**あまりにも危険な乗り物です。この危険性をもっと減らすことはできないのでしょうか。**

また、車が走る道路は、そのほとんどが税金で造られており、電車等では自ら走る軌道も造り、エネルギー消費の非常に少ないもので、これに変えられないのでしょうか。さらには、移動手段として、最も低燃費の電動アシスト自転車等の使いやすい街づくり等々、検討課題は非常に多いと思います。

最後の第四グループは、特に大量のCO_2を排出する原因として、「戦争」と「各種災害被害」を挙げています。これをなくしていく努力が必要だと思います。

以上が構想案ですが、近年の「土壌中に大量のCO_2蓄積が可能」の発見等をもとに考えたもので、希望的構想案かも知れません。ただし、CO_2削減項目の重点が、地球環境再生と共に取り組むべき時期になってきているように思います。これは、地球が、真に必要としている事のように思います。

ここで、ふと思ったのですが、なぜ、自動車のEV化等といった効果の非常に低いものも、温暖化対策に入れてしまうのかについてですが、理由としては温暖化の恩恵を受ける方が多いヨーロッパの国々が、温暖化対策を牽引しているからではないかと思ってしまいます。

自然を復元する事により、ようやく現在、温暖化対策ができることが明確になった事がわからなかった面が非常に大きいと思います。ただ一方で、パリもロンドンも、未だにクーラー未設置の寒い国です。これまで、未設置でも、十分過ごせる夏の暑さでしたが、他のヨーロッパの国々も、大部分が、緯度も北海道以上に高く、寒さの厳しい国です。よって、冬の寒さ対策には、むしろ温暖化が大いに貢献しています。

したがって、温暖化対策は、あまり効果がなくても良い状況で、それほど、切実さのない国々が対策を考えています。このため、ヒートアイランド対策等、対症療法的なことは、自国では、ほぼ不必要で出てきません。こんなヨーロッパ主導の温暖化対策は、おかしいのではないかと思います。

夏の暑さ対策の厳しい日本が、温暖化の被害国の立場として、もっと、温暖化対策を真剣に主導するべき時期に来ているのではとふと思いました。

そういう意味でも、「耐震改修」も、温暖化対策の一つの項目として、入れさせていただきました。本来の目的は、建築物が倒れないようにして地震被害をなくす事ですが、CO_2削減の効果もあるという事で入れています。こういった二つの目的で、**世の中から一番求められている「耐震改修」を大いに取り組みたく思っています。**

■「耐震改修」を地震対策と共に、CO_2削減項目にもして、日本と世界の耐震化を完成させよう

「耐震改修」をして倒れない建物にすれば、地震被害はほぼなくなります。「耐震改修」の地震対

「耐震改修」を地震対策と共に、CO_2削減項目にもして、日本と世界の耐震化を完成させよう。

○「耐震改修」で倒れない建物にすれば、地震被害はほぼ無くなる。

1）日本 「南海トラフ地震」と「首都直下地震」が30年以内に、70〜80%と70%で起こる**危機的状況にある。**

→ **この機会に「耐震改修」を全ての建物で完成する必要がある。**

2）世界 ・ハイチ地震 2010年、31万6千人の死者

・トルコ・シリア地震 2023年、5万6千人以上の死者

共に、**耐震性の足らない建物が非常に多い。**

・日本は地震大国で、その分「耐震改修」の技術開発が世界一。

→ **世界の「耐震改修」の技術支援、援助をして完成していく。**

○「耐震改修」で新築同等の強度となり、耐用年数を大きく延ばして、更に復旧工事が不要になって、**CO_2削減になる。**

➡ **「耐震改修」を世界で取り組まれているCO_2削減項目の一つとして、推進する。**

策の効果は非常に大きいものです。

日本においては、「南海トラフ地震」と「首都直下地震」が30年以内にそれぞれ70〜80%と70%の確率で起こるといわれており、非常に危険な危機的状況になっています。

この危機的状況の中で、**この機会に、「耐震改修」を全ての建物で完成させ、安全な国にする必要があります。**

世界においては、2010年にハイチ地震があり、31万6000人もの方々が亡くなっています。2023年には、トルコ・シリア地震があり、5万6000人以上の方が亡くなっています。

共に、伝統構法の耐震性の低い建物とか、手抜き工事等により、**「耐震性」の低い建物が**

非常に多く残っていて、「耐震改修」が何としてでも必要です。

日本は、地震の多い「地震大国」であり、早くから、「耐震設計」が進んでいて、**「耐震改修」の技術開発は世界一です。**そのため、世界から「耐震改修」の技術支援や援助が強く望まれています。**「耐震改修」の技術支援や援助を大きく伸ばしていく必要があります。**

例えば、世界の人口の60%もの人々が利用している組積造建築があります。それは、日干しレンガや石やコンクリートブロック等を、泥やセメントやモルタル等で積み重ねるもので、多くが現地に住む人自らが建てています。これは、非常に耐震性のない建物で、地震がある度に倒れて大被害が生じています。

これに対して、東京大学の目黒公郎教授の研究室を中心として、通常は荷造りに使われるポリプロピレン製の紐を用いて包み込む耐震補強方法（PP-band工法）を開発して、普及に取り組まれています。その上にモルタルを塗るなどして、劣化等を防ぐ改善をしつつ取り組まれていますが、非常に効果があります。また、それによって現地の人々の仕事が生まれるとともに、非常に安価にできます。ただ、まだまだ広がっていません。

その他、個人的な「耐震改修」の取り組みもありますが、**日本の得意分野として、ＯＤＡ（政府開発援助）の主要項目として、大いに取り組めればと思います。**

以上のような取り組みの中で、「耐震改修」を行うことにより、地震で倒れない強度になり、「耐用年数」を大きく延ばして、新築工事を抑制します。さらには、復旧工事が不要になって、これにより大きなCO_2削減になります。

よって、「耐震改修」推進に取り組む日本は、地震対策と同時に、世界が取り組んでいるCO_2削減項目の一つとしても、「耐震改修」に取り組むことになります。このように、CO_2削減項目の一部として取り組むことが、世界的な約束事の中での取り組みと重なり、目標設定が明確となって、強力な推進につながります。

この機会に、日本も世界も「耐震改修」を完成させて、安全な建物にしていきましょう。

おわりに

私は、阪神大震災で大被害を受け、何とか地震被害がなくならないかと、２００７年11月に『アナタの家は大地震で倒れる（昭和56年6月以前の木造住宅耐震改修の進め方）』（出版文化社）を出しました。

本の内容は、阪神大震災で8割以上の死者を出した「木造住宅」について、「耐震改修」の改修事例等を取り上げながら、「木造住宅の耐震改修の進め方」をまとめたものです。

本書は、この本を書いた時に「耐震改修」についていろいろと調べた内容の続きとして書いたものです。

前書は、阪神大震災から13年弱で出版したもので、ようやく、「耐震改修」の各種方式が確立される頃で、多くの文献と共に、非常に多くの方々のご教授やご支援をいただきました。

その中でも特に「耐震改修」の技術的な面では、私自身が退職後、木造住宅の耐震診断や改修設計を行っていたこともあり、名古屋工業大学の井戸田秀樹教授に、多く教えていただいています。

その当時、先生がまとめられた愛知県建築物地震対策推進協議会より日本で最初に出された「木造住宅耐震改修事例集」の、12例中7例を本に掲載させていただきました。非常に多くのタイプの改修事例があり、多様な耐震改修の取り組み方法を、学ばせていただきました。

その後、井戸田秀樹先生は、木造住宅耐震改修の安価な工法の開発に向かわれ、構造用合板等のどこでも手に入る安い材料を用いた工法のあらゆるバリエーションの構造耐力を、大学の実験室で出して、安価な工法を開発されています。

現在では、その安価な工法を全国に広げるべく、名古屋工業大学高度防災工学研究センター監修にて、「NPO法人　達人塾ねっと」を立ち上げられ、「木造住宅の耐震リフォーム達人塾」を継続開催し、全国に講演してまわられています。私もそのオンライン版に入り、その都度、「木造住宅耐震改修の診断と改修設計法」の各種具体的な手法を学んでいます。

井戸田秀樹先生には、常に「木造住宅耐震改修」の構造的な理論と、最先端の具体的な耐震診断と耐震改修の方法を、わかりやすく具体的にご教授いただき、大変感謝申し上げます。

さらに前書で特にお世話になったのは、神戸大学名誉教授で出版時は消防庁の消防研究センター長をされていた室﨑益輝先生です。神戸大学の教授時代にその研究室のオープンゼミにお誘いいただき、いろいろと学ばせていただきました。

阪神大震災から2〜3年のころで、室﨑先生が、「人的要素を考慮した建築および都市の防災計画に関する一連の研究」により日本建築学会賞を受賞されたころです。オープンゼミのファイルを見てみますと、室﨑先生のレジュメや論文と共に、「中国唐山地震（死者24万2000人の大地震）

における復興都市計画に関する研究」や「地震時の出火状況」や「ロマプリエタ地震におけるサンタクルズ市の復興計画について」等々の幅広いテーマのオープンゼミを受ける事ができました。

このゼミの中で、地震という災害を、世界の中で多面的にとらえる方法等、多くを学んだように思います。

地震被害について、いくぶんなりとも幅広くとらえられましたのも室崎オープンゼミで学んだ基礎があったからと思います。

推薦文と合わせて、室﨑益輝先生には、オープンゼミに呼んでいただき、いろいろとご教授賜り、本書の素地をつくっていただきました。心より感謝申し上げます。

その他、**本書を書くにあたり、多くの方々のご教授やご支援と、多くの本や専門雑誌等や、さらには、新聞、講演会、セミナーその他の文献等を引用させていただきました。**できるだけ出典を書かせていただきましたが、漏れているのもあるかも知れません。**多くの文献等に助けられて書かせていただいています。この場をお借りして、厚くお礼申し上げます。**

本書は、前書における地震の事とか、阪神大震災での被害状況等々、多くの前書で調べられた事項を、かなりそのまま引用させていただいています。

そのうえで、**本書の内容としては、特に「耐震改修」の補助のある当初の「耐震改修計画」が、かなり進んできて、終わりかけていますので、次の「第2回目耐震改修計画」の策定と実施の時期になっていると提案をしています。**具体的には、「耐震改修」の必要な残りの全ての施設について、「補助制度」を設けて「耐震改修」を何とか早期に完了したいと提案しています。

この本の「はじめに」に書きましたが、「地震対策の一番は、(耐震改修)を完成させる事」といえます。ただ、耐震性の足らない施設におられる方は、「補助もないので「耐震改修」は自らだけではできない」といわれるかも知れません。これらの方々は、本当は「補助制度を設けてほしい」といいたいのですが、施設の耐震性があるかないかは知られたくないので、いい出せないでいます。よって、「耐震性不足の方々」による補助制度の「要望団体」は、出てきそうにありません。

この「補助制度」の創設は、より多くの周りの方々が、必要だ、必要だといっていただかないことには実現しそうにありません。

当初の「耐震改修計画」にあった「教育施設」については、中国の「四川大地震」で6900棟以上もの校舎が倒れ、約1万9000人の児童が亡くなったことと、「教育施設」が日本では避難場所になっている事により、2008年度より、「耐震改修」に急遽取り組んでいます。特に**8割**

を超える国の耐震改修補助により、約10年の短期間で完成の、大きな成果を上げています。

この８割を超える国の補助を実現したのは、当時の文部科学省あるいは防災関連部局、また政府関係者等の方々のご努力とご英断のたまもので、画期的な成果も上げています。

意欲とやる気があれば、大きな成果が出ます。

「第２回目耐震改修計画」の策定と実施についても、このようなご英断が特に必要と思います。

２０２４年３月に、土木学会が、「首都直下地震」の被害額は１００１兆円にのぼると推計結果を公表しています。建物や土木構造物の倒壊など「直接的な被害」が約47兆円、その被害を受けたことによる「経済被害」が９５４兆円とし、その合計という事です。

ただし、建物や道路や橋等の耐震化を行う等の対策に21兆円以上かければ、「経済被害」の４割の３６９兆円分が減らせると推計しています。この**耐震化対策は、17・６倍の経済被害削減**になっていて、**非常に効率の良い取り組みであり、事前の耐震化である「耐震改修」は、必ず行うべきことと訴えられています。**

これは非常に重要な事で、事前に「耐震化」を実施すれば、約18倍の経済被害削減が実施できるという事です。東日本大震災でも、熊本地震でも、能登半島地震でも、現在は、復興に巨額の費用をかけていますが、「耐震改修」をしていれば、約18分の1の経済被害額で済むという事です。

どうしてこれほどまでに、「耐震改修」が安くて、費用効率が良いのかといえば、例えば、日本全国の建物では、震度5まで、どんな建物でも、倒れない基礎的耐震強度はあり、「耐震改修」では、耐震診断と耐震計算により、一番危険なところから、順次「耐震改修」をピンポイントで行うもので、非常に無駄のない効率の良い「耐震改修」を実施しているからです。

「耐震改修」は、かなり安い費用ででき、その効果が非常に大きいものです。

現在は、「南海トラフ地震」や「首都直下地震」が、ほぼ30年以内に高い確率でやってくるとか、「阪神大震災」以後、地震活動期に入っており、全国的にも地震が多発する危機的状況になっています。

何度も書いていますが、**戦後建てられた1981年以前の建築物は、「建築基準法」の「耐震基準」**

が引き下げられた事により、耐震性が低いので、これは国の責任であり、「耐震改修」の補助はその補償といえるものです。

また、**「伝統的建築物」は、**余程の事がない限り、再び建てるのは難しいので、地震で失われないよう**日本文化を守るために、早急な「耐震改修」が必要です。**さらに、そのほとんどが木造で、被災すると崩壊するので、死者の出やすい非常に危険な建物です。

さらには、**「耐震改修」をしますと、**倒れない建物になります。これは、数々の地震で実際に検証されています。そして、**強度が新築と同等となり、後50年以上は持ち、百年建築になります。**建物の寿命が延びるという事です。

１９８１年よりすでに、43年になる事により、１９８１年以前の「耐震改修」の必要な建物は、かなり建て替わっている可能性があります。１９９６年の耐震改修が始まった頃に比べると、「耐震改修」の必要な建物は、半分くらいになっているように思います。ただ、それは、大都会が特に活発であるといえます。

以上のことより、私は、「第2回目耐震改修計画」の策定と実施を、何としてでもしていただきたいと、希望いたします。

今回、この本をまとめている最中に、**「能登半島地震」があり、これが現在の「耐震化」の状況を表しており、**今後、何もしなければ、「南海トラフ地震」等もこれと同じような状況になるのかと思うと、**あまりにもひどい状況で、ぞっとしています。**

そういった状況の中で、**建築物等の「耐震改修計画」を大きく推進する二つの出来事と、二つのすぐにやるべき事としての緊急実施の提案をしてみます。**

○「耐震改修計画」を大きく推進する出来事

1）木造住宅の耐震改修推進について

「はじめに」に書いていますが、能登半島地震で多くの住宅が「耐震改修」されずに、倒壊している状況から、国土交通省は、**２０２５年度より、最大50万円前後の補助上乗せをして、「木造住宅耐震改修」を推進する予定との発表を行いました。非常に素晴らしいこと**で、これで、大きく木造住宅の「耐震改修」が進むと期待しています。

何度も書いていますが、木造住宅の耐震改修の診断・改修設計、改修工事のトータル費用は平均約２３０万円程度で、補助金は自治体により違うのですが、１００万円少々程度です。このような金額の中ですので、50万円は少額ですが、補助金の割合としては非常に大きくなり、特に効果があります。

私の住む兵庫県西宮市でも、来年度、補助金が上がるという新聞記事を見て、早速耐震改修をしたいと耐震診断・改修設計を申込んでこられています。

この機会に、木造住宅耐震改修が、大いに進んでほしいと願います。

この本の再校中の2025年2月17日の読売新聞に、「高齢住宅　耐震化へ補助」のタイトルで、「最高50万円前後の補助上乗せ」の事が、住宅ローンの拡充と共に、載っていました。それによると住宅の耐震改修費を地方自治体と国が折半して補助する制度で、一般住宅は、上限100万円を115万円に、多雪地域は、120万円を140万円に、密集市街地は、150万円を175万円に引き上げる。と書かれています。思っていたより、余りにも低い引き上げ額で残念です。

ただ、これを機会に、高知県等にならい、出来れば、地方自治体でも補助上乗せを検討していただき、多くの方が「耐震改修」をされるようにできないものかと思います。

2）水道施設と下水道施設の本格的耐震化が始まった

この両施設については、市町村等の自治体運営で、利用者料金だけで運営されているため、施設の耐震化更新のための値上げを利用者にいい出せず、非常に耐震化が遅れています。それゆえ、能登半島地震では長期にわたって断水が続いて大問題になっています。

そういった中で、**水道事業が、2024年4月から厚生労働省より、国土交通省と環境省に移管**

となって、国土交通省にもともとあった下水道事業と合わせて、維持管理や耐震化をする事になっています。

早速、国土交通省では、耐震化の計画が立てられ、重点的に進めるところ等も定めるなど，進めようとした矢先に、能登半島地震が起こり、急速に耐震化を進めようとしています。

進捗が非常に大きく遅れており、耐震化が始まったばかりですが、私は、**早急に耐震化する必要があり、国が8割程度の補助をして、10年以内の完成を目指しても良いように思います。**あまりにも生活の不便を強いるもので、火事を消火できないようでは、何のための水道事業かわからなくなっています。

国が補助をすることについては、例えば、自動車はその走る道路は、高速道路は料金を払っていますが、それ以外の道路は、自動車税とガソリン税で少々で、ほとんどは国が負担して整備しています。

よって、両施設に、国の補助を入れることは、地震被害の緊急性を考慮すれば、問題はないと思います。

○すぐやるべき事としての緊急実施の提案

1）「観光施設」の耐震化を強力に推進する

「観光施設」は、「第2回目耐震改修計画その1」の4項目の一つで、とにかく**観光立国を目指す**

施策の一つとして、「観光施設」について、早急に耐震化を推進して、危険がないようにする義務があります。

能登半島地震では、和倉温泉の全旅館が被災し、死者は出なかったものの全館休業が続いています。鉄筋コンクリート造の耐震性不備の旅館は、7割程度の耐震強度はあり、部分破壊で済んでいます。これらの旅館は、地震被害の復旧と「耐震改修」をするとなると、かなりの出費が必要で、通常であれば倒産になりますが、ある程度、復旧費が出るかどうかです。これらが、耐震改修をしておれば、ほぼ被害がない状況になり、極端に違います。

また、「観光施設」の見学施設になる「伝統的建築物」がことごとく倒れており、その多くが失われ、観光資源が失われています。事前の耐震化が早急に必要です。さらには、観光名所の「輪島朝市」も大火で焼けてしまっています。これも、建物の倒壊が原因であり、その他売店や飲食店、輪島塗の工房なども倒れています。

今回の地震は、元日の夕方で、多くの人が家や神社等にいたことが幸いし、「観光施設」には、まだ観光客が来ていなかったこともあり、死者はほとんどいなかったですが、通常の休日であれば、非常に危険でした。

「観光施設」を対象として、「耐震改修」の手厚い補助制度を設けて、耐震改修を推進していただきたいと思います。

2）「伝統的建築物」の耐震化を強力に推進する

今回の能登半島地震では、「伝統的建築物」のほとんどが、倒壊しています。その中でも、**2007年に発生したマグニチュード6・9の能登半島地震で被災し、「耐震改修」をして復興した登録有形文化財「総持寺祖院」と重要文化財「旧角海家《かどみけ》住宅」において、倒壊等の被害が出たことが、大きな問題になっています。**

「総持寺祖院」では、40億円を投じて復興したばかりであったが、17件の建物や構造物の内、回廊が倒壊する等、全てで、何らかの被害がありました。

「旧角海家住宅」は、約4年をかけて耐震補強を含めた保存修理工事をしていましたが、倒壊しています。

なぜ倒れたかの検証は、今後されていくのですが、あくまで推定ですが、当初は、かなりおおかな耐震設計で、伝統的建築物の範囲を、町家などの部材の細いものまで含めていたのが、悪かったのかも知れません。ちなみに、「旧角海家住宅」の改修後の安全限界の層間変形角は、21分の1とのことで、これでも、耐震性が足らなかったとの結果が出ています。

どのような検証結果が出るのかわかりませんが、「限界耐力計算による耐震改修方式」の見直しが始まっていきます。より精緻になっていくと思われますが、できればこの機会に、より単純化等をしていただき、使いやすくしていただけると非常に良いのですが…と思います。

今後、いろいろと問題をかかえながら膨大に残る「伝統的建築物」の耐震化をしていくのですが、「第2回目耐震改修計画」では、①「文化財建造物」や「景観建築物」等何かに指定されているものは、7～8割の補助率にて10年で完成。②「一般伝統的建築物」は、4～5割の補助率（地震発生危険度による上乗せあり）にて20年で完成、としています。

この内、「文化財建造物」を考えてみますと、非常に多くの施設があり、現在では文化庁の所管ですが、予算規模も少ない事と、上記の短期間で行うには無理があると思われます。

よって、水道事業のように、少し、「耐震改修」については、所管を変えればと、思われます。

例えば、文化庁が行う「耐震改修」は、「重要文化財」と「国宝」のみとし、他の文化財建造物の「耐震改修」のみについては、国土交通省の所管にすればと、思われます。

これらにより、膨大に残っている「伝統的建築物」の耐震化を、強力に推進すればと思います。

以上が、すぐにでもやるべきこととして、思ったことになります。

「能登半島地震」では、以上に述べてきたようにいろいろと課題も多いですが、一方で、新しい耐震技術が発展し、成果を上げています。

1980年頃から開発の進んでいた「免震建築」が、阪神大震災以降に普及発展して、「免震病院」が、七尾市にあり、その有効性が明らかになっています。

東京工業大学名誉教授の和田章先生が、能登半島地震直後に、免震建物の調査をされています。「免震建築」というのは、地盤の揺れを建物に伝えないように、地盤と建物の間に、直径1メートルほどの積層ゴム（鋼板とゴムを交互に重ねたもの）を入れた建物の事です。七尾市の「恵寿総合病院本館」は、激震地にあったけれど、地震後もそのまま病院機能は損なわれず、医療活動を継続できました。すぐ横の通常の新耐震基準で建てた建物は、無事ではあったが、内部の機器が倒れ、設備機器が損傷したため、使えなくなったとの事です。

「耐震改修」等は、当初は命が助かることが目標でしたが、現在は継続使用できることが求められてきており、「免震建築」は、それにふさわしい建築技術である事が明らかになっています。

このことについて、更に和田章先生は、「免震建築」にすれば、その上部構造に作用する地震力が小さくなるので、柱梁を細くしたり、粘り強さのための配筋を減らすことができる。施工が容易になり工事費が安くできる。免震装置のための費用と見合ってくる。更に、デザイン性も良くなり、もっと活用して欲しい、と言われています。

この「免震建築」は、「耐震改修」にも使われていて、東京上野の国立西洋美術館（ル・コルビュジェ設計）の下に入れられ、上部の建物はそのままで、「耐震改修」がされています。今後10年をかけて国会議事堂も免震構造にするそうです。

以上のように、「耐震改修」技術は、阪神大震災後から始まり、急速な進歩があり、現在ではどんな建物でも「耐震改修」ができるようになっています。

戦後79年にもなり、２０２３年時点で約９００万戸も空き家があって、少子化で人口が、２０７０年には現在の７割以下の８７００万人に減り、さらに減っていくという中で、**毎年約80万戸もの新住宅を建てている国、日本はおかしいと思いませんか。私は、これが日本の住環境と経済環境を悪くしているように思います。**

私は、兵庫県西宮市に住んでいますが、山手の比較的大きな家は、ある日、住宅業者に買われてか、切り刻まれて、小さな庶民の住宅になっていきます。悪貨が良貨を駆逐していくように、１代で買える小さな家ばかりが増えて、良かった住環境は悪くなっていきます。大都市の郊外は、延々と小さい家が続き、まだ、空き地には小さな家が建て続けられています。

この小さい家を買える方は、まだ裕福な方ですが、結局、長期ローンを抱え、借金まみれになって、購買力は伸びず、消費が控えられ、日本経済には悪い影響を与えています。戦後の住宅がなかった時代と同じことを繰り返しています。

現在、住宅は約50年で解体撤去されていますが、非常にもったいないことです。**メンテナンス次第で、百年住宅になる事をまだご存じないのです。**欧米や戦前の日本では、百年住宅で、住み替えながら、維持されています。百年住宅で考えますと、3世代くらいで住み替えていけば良いので、住居費用はかなり安くなります。現代では、同じ世帯の継続が難しいので、住み替えで大きな家に住んでいけば良いと思います。

日本全体で、非常に多くの住宅資産を持つことになり、豊かな住環境にしていくことが可能です。後20年もすれば、団塊の世代が亡くなっていき、大量の空き家がさらに出てきます。大量の空き家を活用し、隣地を買ったりして、ゆったりとした住宅にしていけば良いと思います。

日本で一戸建ては、古家付きで土地値で買えます。その家を「耐震改修」が必要であれば平均約100万円程度の持ち出しででき、キッチン、風呂、トイレ等の水回りの刷新と内外装のリフレッシュに500万円程度でリフォームすれば新築同様になります。これが、ほぼ必要な金額ですが、「耐震改修」により、増改築は非常に簡単にできますので、より住みやすい間取りに変えることも可能です。

その他、マンション等も含めて、対象住宅は非常に多く出てきますので、より便利で豊かな住宅を求めていけると思います。

このためには、新築住宅推進のためのかなりの補助金は、3年くらいの経過措置で、止めていく必要があります。新築を建てたい人は、自らの力で建てていただければ良いことです。

そういう方に税金を使うのではなく、非常に多くある既設住宅の活用に税金を使おうという事です。

新築推進に代わって、既設住宅に対する、「耐震改修」、「温暖化対策」、「バリアフリー化」等のリフォームに手厚い補助金を付け、住宅のリフォームローンも充実していく必要があります。その中で、一番必要な「耐震改修」は、〝中心的施策〟で必ず早急に行っていく必要もあります。

そういった中で、民家や町家といった「伝統的木造住宅」の新たな試みも始まっています。これについては、参考事例として、兵庫県篠山市で始まった、古民家を再生した宿泊施設「篠山城下町ホテルＮＩＰＰＯＮＩＡ」があります。複数の点在する古民家をまとめて改装して高級宿泊施設とし、夕食は街の食堂にて食べ、町全体を観光資源にする小規模分散型ホテルです。この取り組みは、

「篠山モデル」として、全国に広がって行われています。

その生み出したノウハウを、兵庫県におけるヘリテージマネージャー対象の研修会に参加して、お聞きしました。**その「古民家を再生した宿泊施設」は、「限界耐力計算による耐震設計法」にて「耐震改修」をやりながら、古民家の良さを出した素晴らしいホテル空間を生み出しています。**これは、高級ホテル空間に再生していますが、本物の古民家の良さを、ここまで見事に引き出せるのかと思うほど、良くしています。

これはホテルですが、現代的な住まいとして、みんなが思っている以上に、磨けば凄い魅力的な住まいにすることも十分可能で、そういった事例も出てきています。日本に残されている宝の山といえるものです。

この民家や町家は、大都市の近郊や、田舎には、まだ、数多く残っています。ところが、能登半島地震のように、「耐震改修」がされていない（一部、「耐震改修」したものも倒れて検証中）と、激震地では、ほぼ倒れており、復旧補助金の出る文化財建築物以外は、全てなくなってしまいます。まったく恥ずかしいことです。

2002年に、「限界耐力計算による耐震設計法」が開発されて、一般の建築士でも「伝統的木造建築」の「耐震改修」ができるようになっています。これは画期的なことで、それまでは、「伝統的木造建築」は大工さんの世界で、建築基準法とは別世界のようになっていました。それが、構造的な解明が進み、ようやく20年くらい前より、「伝統的木造建築」の「耐震改修」ができるようになっています。

まだまだ「耐震改修」の取り組みが始められたところですが、大地震が切迫する中で、「伝統的木造建築」の「耐震改修」の補助制度を確立して、「耐震改修」を完成させる必要があります。

これらを実施する時期は、大地震が切迫する今ではないかと思います。

「耐震改修」を行うことで、「百年建築」になり、これで新築工事を抑制して、建設時のCO_2削減になります。こういった理由より、「耐震改修」をCO_2削減の項目に組み込んで、推進してほしいと、本論の最後に書いています。

そのCO_2削減の取り組みを調べている中で、**時代を先取りすると思われる事項を、2点見つけました。**

その一つは、本文210ページの『英国貴族、領地を野生に戻す』の本で、再野生化する中で、

土壌が大量のCO_2を固定することがわかってきています。それで、砂漠化している地球を自然豊かな地球に戻すとか、農業の在り方も変わってきているとか、地球環境改善がCO_2削減になるという取り組みが始まっています。

その二つ目は、欧州連合（ＥＵ）と旧宗主国のフランスにより、本文２１９ページの「グレート・グリーン・ウォール（Ｇ.Ｇ.Ｗ）」構想で、ヨーロッパに押し寄せる移民問題解決のため、サハラ砂漠南部のサヘル地域の約８０００キロメートルにわたり、木を植えるというものです。移民は母国に植林に帰り、その後、農民になって母国に定住するという構想です。総額１兆２０００億円で、１億ヘクタールの荒れ地を緑にし、年間２億５０００万トンのCO_2を吸収するものです。

これは、中村哲医師が、アフガニスタンで行った、用水路建設による農地拡大と同じことで、CO_2削減と農地拡大で紛争解決と、地球環境を良くするといった問題も解決しています。

以上、二つの動きを見ていますと、CO_2削減には、多様な取り組みがあり、**単なるCO_2削減のみが目標ではなく、地球環境を改善することが最終目標ではないかと思います。CO_2削減はその一部に過ぎないように思います。より地球環境を良くし、社会が最も必要とするものへと進化するための、対策の多様化が求められる時代になってきていることを感じます。**

1995年12月から始まった「耐震改修」の取り組みは、多くの方々のご努力により、当初に計画した住宅や防災関連施設については、ほぼ完成に近づきつつある状況で、大きな成果を上げています。私はその中でも、特に素晴らしいのは、①教育施設が約10年で耐震化を完成させた事と、②新幹線が、地震をくぐり抜けて、開業以来無事故である事があると思います。

共に、やる気を出せば、出来ることを示しています。①の教育施設は、高い耐震改修補助を付け、世間に耐震化状況を公表することにより、約10年程度の短期間で完成させています。高い補助率を決められたご英断が素晴らしいと思います。②の新幹線は、地震があるたびに、耐震性の不備なところの耐震改修を地道に積み上げて、地震被害を軽微に押さえています。耐震化への地道な取り組みが素晴らしいと思います。

今回、第2回目耐震改修計画策定の提案をしていますが、何とか、これまでの諸先輩の熱い思いに負けないような、取り組みができないものかと思います。

「耐震改修」を行うことで地震被害の8、9割は減らせますので、皆様のご支援やご援助をお願いいたします。

2024年12月
稲毛政信

■参考文献

耐震補強関係等

『地震に強い木造住宅』坂本功著　工業調査会
『木造建築を見直す』坂本功著　岩波新書672
『耐震木造技術の近現代史（伝統木造家屋の合理性）』西澤英和著　学芸出版社
『これからの耐震設計（阪神大震災に学ぶ）』日本建築構造技術者協会編　オーム社
『建物を強くする新しい知識』七星建築懇話会著　学芸出版社
『地震に強い家づくり町づくり』日本建築学会編　彰国社
『住まいの耐震診断・補強のすすめ』日本建築学会編　彰国社
『地震と建築』大崎順彦著　岩波新書240
『地震とマンション』西澤英和・円満字洋介著　ちくま新書273
『なぜ日本の家は倒壊するのか』杉山義孝著　住宅新報社
『楽しく分かる木構造入門』佐藤実著　エクスナレッジ
『木造住宅の耐震診断と補強方法』２０１２年改訂版　日本建築防災協会　国土交通大臣指定耐震改修支援センター
『木造住宅　低コスト耐震補強の手引き』愛知建築地震災害軽減システム研究協議会
『伝統構法を生かす木造耐震設計マニュアル――限界耐力計算による耐震設計・耐震補強設計法』木造軸組構法建物の耐震設計マニュアル編集委員会　学芸出版社
『伝統的構法のための木造耐震設計法』伝統的構法木造建築物設計マニュアル編集委員会　学芸出版社

『限界耐力計算による伝統的木造建築物構造計算指針・同解説』２０１３年2月25日第1版
日本建築学会
『伝統的な木造軸組を主体とした木造住宅・建築物の耐震性能評価・耐震補強マニュアル』
日本建築構造技術者協会関西支部
『被災歴史的建造物の調査・復旧方法の対応マニュアル』日本建築士会連合会
『京町家の木造伝統文化を生かして安心かつ快適に住み続けるための法令と共存可能な改修仕様の提示』
ＮＰＯ法人関西木造住文化研究会
『木造住宅の耐震設計』樫原健一・河村廣著　技報堂出版
『次の震災について本当のことを話してみよう』福和伸夫著　時事通信社
『図解雑学　地震に強い建物』安震技術研究会著　ナツメ社
『木に学べ　法隆寺・薬師寺の美』西岡常一著　小学館
『ぼくらの近代建築デラックス』万城目学・門井慶喜著　文藝春秋
『重要文化財　旧岡田家住宅保存修理工事報告書（災害復旧）』
財団法人　文化財建造物保存技術協会編集　伊丹市
『伊丹の歴史的建造物』平成12年3月　伊丹市教育委員会
『山本清記念会館の耐震診断結果報告―ＮＰＯによる文化財建造物活用モデル事業―』
平成21年1月17日　ひょうごヘリテージ機構阪神

地震・災害関係等

『理科年表（令和5年）』国立天文台編　丸善

『阪神・淡路大震災の記録（全4巻）』 消防庁 ぎょうせい
『阪神大震災の教訓』 日経アーキテクチュア編 日経PB社
『写真集明治・大正・現代三大地震と人々の暮らし』 日本下水文化研究会企画・制作
『大地動乱の時代』 石橋克彦著 岩波新書 350
『東京大地震は必ず起こる』 片山恒雄著 文春新書 280
『巨大地震』 坂篤郎・地震減災プロジェクトチーム監修 角川Ｏｎｅテーマ21 Ｃ99
『徹底検証東京直下大地震』 溝上恵著 小学館文庫 476
『東京大地震は明日起こる』 川西勝著 中公新書ラクレ 16
『巨大地震の日』 高嶋哲夫著 集英社新書 0335
『関東大震災』 鈴木淳著 ちくま新書 507
『西日本大震災に備えよ』 鎌田浩毅著 ＰＨＰ新書 1016
『南海トラフ地震』 山岡耕春著 岩波新書 1587
『巨大地震 権威16人の警告』「日本の論点」編集部編 文春新書 819
『関東大震災』 鈴木淳著 ちくま新書 507
『都市防災』 吉井博明著 講談社現代新書 1332
『復興計画』 越澤明著 中公新書 1808
『地震考古学（遺跡が語る地震の歴史）』 寒川旭著 中公新書 1096
『地震予知を考える』 茂木清夫著 岩波新書 595
『大地震の前兆をとらえた！』 木村政明著 第三文明社
『大地震の前兆現象』 弘原海星清著 ＫＡＷＡＤＥ夢新書 S159

『都市の大火と防火計画』菅原進一著　日本建築防災協会発行　共立出版
『津波の恐怖・三陸津波伝承』山下文男著　東北大学出版会
『日本の防災、世界の災害』石渡幹夫著　鹿島出版会
『身近にあふれる「自然災害」が3時間でわかる本』左巻健男編著　明日香出版社
『災害に向き合い、人間に寄り添う』室﨑益輝著　神戸新聞総合出版センター
『近代神戸の小学校建築史』川島智生著　関西学院大学出版会
『違反建築ゼロ　住まいの安全・神戸の挑戦』増渕昌利編著　学芸出版社

地球温暖化対策等

『英国貴族、領地を野生に戻す』（野生動物の復活と自然の大遷移）イザベラ・トゥリー著　三木直子訳　築地書館
『菌と世界の森林再生』小川真著　築地書館
『森林に何が起きているか』吉川賢著　中公新書2732
『世界の森林破壊を追う』石弘之著　朝日選書725
『中国の森林再生』関良基・向虎・吉川成美著　拓殖大学研究叢書（社会学）―33
『誰のための熱帯林保全か』笹岡正俊・藤原敬大編　新泉社
『[自然農法] わら1本の革命』福岡正信著　春秋社
『ミミズの農業改革』金子信博著　みすず書房
『農業が温暖化を解決する！』枝廣淳子著　岩波ブックレット1094
『いちばんやさしい脱炭素社会の教本』藤本峰雄・松田有希・丸田昭輝著　インプレス

『春夏秋冬のある暮らし―機械や工業材料に頼らない住まいの環境づくり―』金田正夫著　風土社
『ホントは安いエコハウス』松尾和也著　日経ホームビルダー編　日経BP社
『SDGsバブル崩壊』渡邊哲也著　徳間書店
『「地球温暖化」狂騒曲―社会を壊す空騒ぎ』渡辺正著　丸善出版
『地球温暖化「CO_2犯人説」の大嘘』丸山茂徳＋川島博之＋掛谷英紀＋有馬淳ほか著　宝島社新書673
『科学者の9割は「地球温暖化」CO_2犯人説はウソだと知っている』丸山茂徳著　宝島社新書275
『「脱炭素」は嘘だらけ』杉山大志著　産経新聞出版
『亡国のエコ　今すぐやめよう太陽光パネル』杉山大志著　ワニブックス
『武器としての理系思考』武田邦彦著　ビジネス社
『人新世の「資本論」』斎藤幸平著　集英社新書1035

このほかにも、ある書物の一部または雑誌・新聞・インターネット等の文献を参考にさせていただきました。

我が家を、大安心な百年住宅に！

木造住宅耐震改修推進研究所　稲毛政信

木造住宅の耐震基準の変遷

表　建築基準法の壁量規定の変遷

必要壁量（cm／㎡）

建物	改正年次	平屋建	2階建	
			2階	1階
壁の重い建物、屋根が重い建物（瓦葺きなど）、土蔵造	1950年	12	12	16
	1959年	15	15	24
	1981年	15	21	33
屋根が軽い（金属板、スレートなど）建物	1950年	8	8	12
	1959年	12	12	21
	1981年	11	15	29

表　建築基準法の木造住宅基礎基準の変遷

年代	基礎基準
～1949年	特に規定なし
1950年～	・外周部はコンクリート布基礎
1971年～	・内部も全てコンクリート布基礎
1981年～	・布基礎に鉄筋を入れる
2000年～	・地耐力に応じた基礎形式の規定

※2000年には、以下の規定も制定

・重要な接合部の補強金物の規定
・耐力壁の配置にバランス計算の規定

○建築基準法は、**ひどい基準**で出発した。1950年の当初、2階建てでは**必要壁量が半分**で、1959年になってようやく7割となった。**基礎基準についても同様**で、1981年になって鉄筋入りになっている。

○**住宅の耐震性は、無開口壁がどれだけ有るかによる。**よって各階で床面積1㎡当たり、縦横それぞれで何cm有るかが壁量になる。また、瓦屋根の重い住宅と金属板等の軽い屋根住宅で違ってくる。最上表は、建築基準法の壁量基準の変遷を表しており、例えば重い屋根で2階建の1階では、1950年に16cmであったのが、1981年には、2倍以上の33cmになっている。

○**1981年（昭和56年）に新耐震基準となり、**改善された。よって、**これ以前建設の木造住宅が、耐震改修の対象住宅**となる。

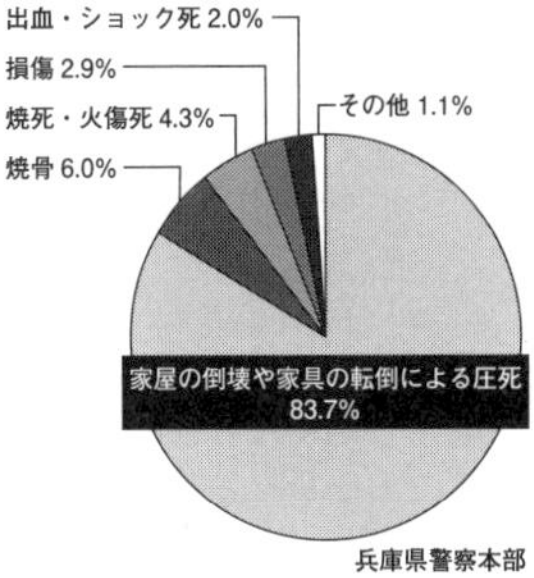

兵庫県警察本部

○阪神大震災の激震地東灘西部地区の調査では、昭和56年以降の新耐震基準では、倒壊は無く、**旧耐震基準の住宅では、約半数が倒壊**している。

○**阪神大震災の死者の8割以上は、古い木造住宅倒壊原因**による。火災での死者は、約1割あり、**これも住宅倒壊**により、住宅から逃げ出せなかったのが原因と言われている。

○写真は阪神大震災直後のもので、**倒壊しているのは、古い木造住宅**が大部分である。ほとんど被害の無い建物もある。**鉄筋コンクリート造等の古いビルは、**ピロティがこわれるなどの**部分破壊が多い**が、一部、大破もある。

○私が住んでいた古い木造住宅は全壊したが、近隣の比較的新しい木造住宅は、ほぼ被害が無かった。**耐震性の有る無しで、極端な違いがある。**

表　神戸市東灘西部地区の全数調査結果

延べ床面積	倒壊率		
	昭和 23 年以前	昭和 36 年〜49 年	昭和 50 年〜60 年
80〜120 ㎡	71	49	12
60〜80 ㎡	67	49	24
40〜60 ㎡	60	47	32
40 ㎡ 以下	56	52	41

※村上雅英：「木造住宅の地震被害と構造設計」より。

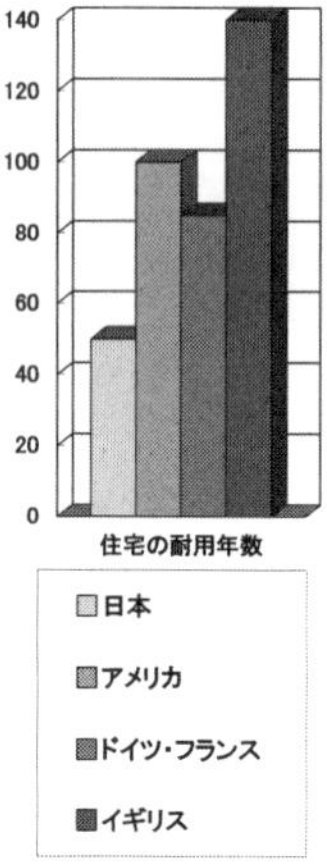

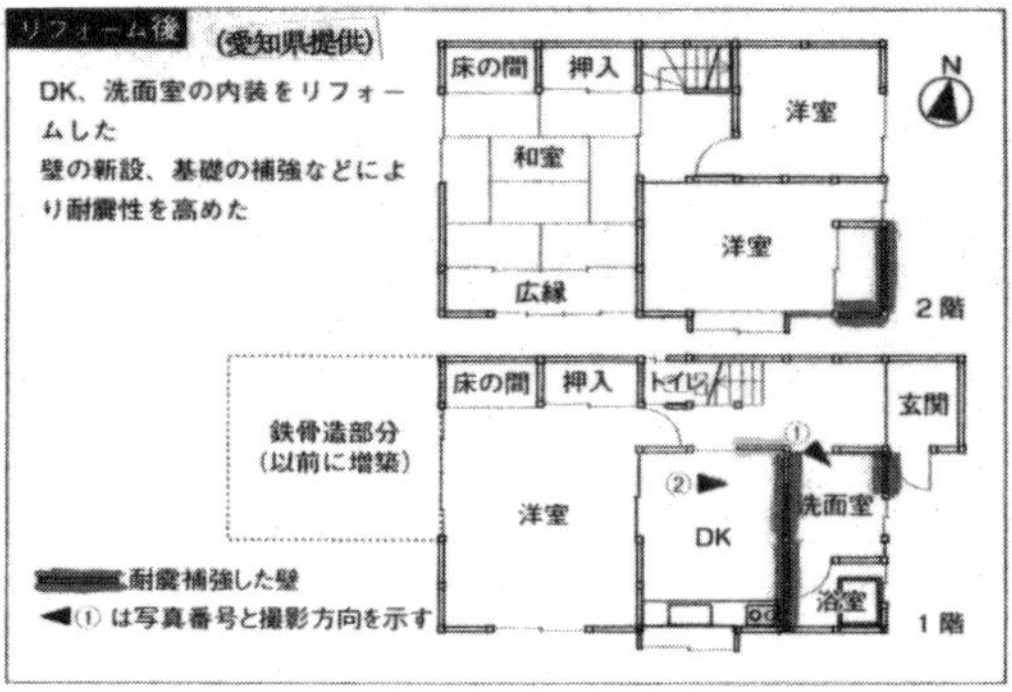

○耐震改修は、阪神大震災以後急速な技術開発が行われ、耐震改修工法が確立した。上図のごとく、**既設の壁の強度を増す工法**により、使い勝手は悪くは成らない。

○更に使い勝手を良くする耐震改修も可能に成っている。

○耐震改修をすれば、**１００年住宅に成り得る。**白蟻や不朽による劣化部も取り替え等で直し、家全体の構造強度を新築同様まで高めるのが、耐震改修であり、住宅の耐久性は著しく向上する。

○古い木造住宅は、震度5程度では倒れない等、ある程度の耐震性はあり、**あと少しの耐震改修**が必要である。また、**一番弱い所から順に補強**する為、耐震診断、耐震改修設計、改修工事などの耐震改修の全費用は、**平均約２３０万円程度**と、それ程、高くない。現在は建築基準法が悪かったという反省のもと、国や自治体からの補助金が、その費用の半分以上にもなっており、**耐震改修の好機**です。

▼た

▼さ

索引

■ 著者プロフィール ■

稲毛 政信（いなげ まさのぶ）

1946年、広島県生まれ。幼少より神戸で育つ。

1969年、神戸大学工学部建築学科卒業。

1971年、京都大学大学院建築研究科（現・工学研究科　建築学専攻）修士課程修了。同年神戸市役所入庁。開発、住宅、交通、みなと、監査にたずさわり、2007年定年退職。

現在は、「木造住宅耐震改修推進研究所」を主宰し、木造住宅耐震改修の研究、診断、設計、工事監理を行う。

他に、NPO法人阪神文化財建造物研究会理事。

一級建築士。ヘリテージマネージャー。

1995年の阪神大震災に西宮の地で被災し、本書の契機となる。

著書に『都市設計のための新しいストラクチャー』（共著　鹿島出版会）、『アナタの家は大地震で倒れる』（出版文化社）。

耐震改修で地震を克服しよう

急がれる耐震改修施設は完成が近づき、残る総ての施設にも、耐震改修補助制度を!

2025年3月27日　初版第1刷発行

著　　者　稲毛政信
発 行 所　耐震改修推進研究所
発 行 人　稲毛政信
発 売 所　株式会社 出版文化社

〈東京カンパニー〉
〒104 - 0033　東京都中央区新川1 - 8 - 8　アクロス新川ビル4階
TEL：03 - 6822 - 9200　FAX：03 - 6822 - 9202
［埼玉オフィス］〒363 - 0001　埼玉県桶川市加納1764 - 5
〈大阪カンパニー〉
〒532 - 0011　大阪府大阪市淀川区西中島5 - 13 - 9　新大阪MTビル1号館9階
TEL：06 - 7777 - 9730（代）　FAX：06 - 7777 - 9737
〈名古屋支社〉
〒456 - 0016　愛知県名古屋市熱田区五本松町7 - 30　熱田メディアウィング3階
TEL：052 - 990 - 9090（代）　FAX：052 - 683 - 8880

デザイン・DTP　山﨑 智子
印刷・製本　株式会社シナノパブリッシングプレス

Edited by : Yudai Yoshino

本書に関するお問い合わせは、出版文化社東京カンパニーまでご連絡ください。

出版文化社の会社概要および出版目録はウェブサイトで公開しております。

また書籍の注文も承っております。→ https://www.shuppanbunka.com
定価はカバーに表示してあります。

ISBN978-4-88338-729-8　C0052